Lebendig, leicht und leise

Helmut Demmelhuber/Achim Wicker (Hrsg.)

Lebendig, leicht und leise

Spirituelle Impulse und Bausteine für die Schule

Schwabenverlag

www.schwabenverlag.de

Gestaltung: Finken & Bumiller, Stuttgart
Umschlagabbildung: PhotoCase.com
Gesamtherstellung: Schwabenverlag, Ostfildern
Printed in Germany

ISBN-10: 3-7966-1286-5
ISBN-13: 978-3-7966-1286-2

Inhalt

Für die Liedvorschläge wurden folgende Bücher verwendet:
EH = Erdentöne-Himmelsklang. Neue geistliche Lieder, Schwabenverlag, 5. Auflage 2005.
EG = Evangelisches Gesangbuch
GL = Gotteslob
KiFam = Dir sing ich mein Lied. Das Kinder- und Familiengesangbuch, Schwabenverlag, 2. Auflage 2006.
Wenn die Liederbücher nicht vorhanden sind, empfiehlt es sich, Liedblätter zu erstellen.

Vorwort

Schule entwickelt sich in den letzten Jahren zunehmend von einer Bildungsanstalt zu einem Lebensfeld. Menschen gehen dort täglich ein und aus und verbringen einen beträchtlichen Teil ihrer Lebenszeit in der Schule. Genau um diese Menschen geht es uns in diesem Buch: um die Lehrer/innen, die Schüler/innen, die Eltern und die anderen Menschen, die in der und für die Schule tätig sind.

Leistungsdruck, klare Zeitvorgaben und eine Fülle von Aktivitäten prägen für viele der Beteiligten den Schulalltag. Nur selten haben Schüler/innen und Lehrer/innen die Gelegenheit zum Atemholen, Entspannen und zur zweckfreien Begegnung. Darum regt dieses Buch dazu an, im Lebensfeld Schule immer wieder bewusst Zeiten und Punkte zu setzen, bei denen die Beteiligten aus der Kraft des Glaubens schöpfen können und für den Schulalltag gestärkt werden. Genauso wie das Wissen müssen auch Geist, Herz und Seele eines jeden gepflegt werden.

Mit unserem Buch wollen wir dabei helfen, dies zu erreichen. »Die Liebe ist unendlich erfinderisch« hat der heilige Vinzenz formuliert. Auch der Glaube ist unendlich erfinderisch, wenn es darum geht, Menschen an Geist und Seele zu stärken. Dafür finden sich in diesem Buch viele Beispiele.

Wir haben Autorinnen und Autoren gewonnen, die in verschiedenen Kontexten mit Kindern, Jugendlichen und Schule zu tun haben und viele Erfahrungen und Ideen mitbringen: (Religions-)Lehrer/innen, Schulseelsorger/innen, pastorale Mitarbeiter/innen und Jugendarbeiter/innen. Ihnen allen gemeinsam ist das Anliegen, Schüler/innen, Lehrende, Eltern und andere zum Innehalten im Schulalltag einzuladen und mit der befreienden Botschaft des Glaubens und der frohen Botschaft des Evangeliums in Berührung zu bringen. Sie tun dies auf ganz unterschiedliche und sehr vielfältige Art und Weise. Wir setzen daher in diesem Buch bewusst bei Ereignissen an, in denen religiöse Impulse und Gottesdienste weitertragen können: Feste entlang des Kirchenjahrs, besondere Ereignisse im Schuljahr und lebensnahe Anlässe, die direkt oder indirekt in die Schule hineinwirken.

Religionslehrer/innen und alle, die in der Schulpastoral tätig sind, finden erprobte spirituelle Impulse und Bausteine, die dem Schulalltag Tiefe geben. Sie können direkt umgesetzt werden oder Anregung für eigene Gestaltungsideen sein. Viele der Beiträge lassen sich auch im Kontext der Gemeinde- und Jugendarbeit einsetzen.

Wir wünschen allen Leserinnen und Lesern dieses Buches, dass Ihnen die Beispiele Mut machen und Sie dazu anregen, selbst aktiv zu werden. Seien Sie unendlich erfinderisch, wenn es darum geht, Menschen innerhalb der Schule ein kleines Stück auf ihrem Lebens- und Glaubensweg zu begleiten.

HELMUT DEMMELHUBER/ACHIM WICKER

»Sternstunden«– mystagogische Momente im Schulalltag

. . . .

Manchmal entsteht mitten im Schulalltag – mitten im Trubel, mitten im Notendruck oder unerwartet zwischen zwei Klingelzeichen – eine »Sternstunde«, ein Moment, in dem der Himmel die Erde berührt ...
Lehrerinnen und Lehrer, Schulseelsorgerinnen und Schulseelsorger kennen diese kostbaren Momente und sie wissen, dass man solche »Sternstunden« nicht »machen« kann. Man kann sie weder herbeizwingen noch planen und man kann sie, wenn sie entstanden sind, auch nicht festhalten. Ein gelungenes Gespräch im Unterricht, ein gemeinsamer Moment der Stille bei einer Morgenandacht im Advent, eine Begegnung bei einer Klassenfahrt oder einem Ausflug können solche Sterne sein, die trübe, traurige, aggressive, anstrengende und hektische Tage im Miteinander der Schule erhellen und die Kraft geben, weiter Ausschau nach guten Begegnungen zu halten. Dieser wache Blick für solche Begegnungen und Sternstunden zeichnet Mystagoginnen und Mystagogen aus.

Mystagogie – was bringt's? Der Begriff der *Mystagogie* wird seit einigen Jahren von vielen Religionspädagoginnen und -pädagogen verwendet.[1] Aber was »bringt« er? Genügt es nicht, wenn wir uns als Schulseelsorgerinnen oder Religionslehrer verstehen? Ein Blick auf die Wurzeln des Begriffs kann Klarheit schaffen:
Es gibt mindestens zwei Weisen, den ersten Teil des Begriffs *Mystagogie* herzuleiten: Entweder leitet man ihn von *myein* (einweisen, unterweisen) ab oder von *mysterion* (Geheimnis). So wird entweder die Lehrer-Schüler-Beziehung betont oder das Ziel dieser Beziehung – Gott selbst.
Der zweite Teil des Begriffs, der sich von *agein* (führen, leiten, gehen) herleitet und der oft als weniger wichtig zum Verständnis des Begriffs angesehen wird, scheint mir der eigentliche Schlüssel zur Mystagogie zu sein. Die Verben machen deutlich: Es geht um einen Prozess, um einen Weg, auf

1 Vgl. vor allem Mirjam Schambeck, Mystagogisches Lernen. Zu einer Perspektive religiöser Bildung (Studien zur Theologie und Praxis der Seelsorge Bd. 62), Würzburg 2006.

den sich Menschen miteinander einlassen. Ziel *und* Form dieses gemeinsamen und doch ganz eigenen Weges ist die Gottesbeziehung.[2] Die Gottesbeziehung ist nicht etwas, was einer der beiden Partner, der Mystagoge bzw. die Mystagogin, einfach hat, während das Gegenüber noch auf der Suche danach ist, sondern beide sind miteinander auf dem Weg mit ihrer je eigenen Beziehung zu Gott. Die Gottesbeziehung wartet auch nicht erst am Ende des Weges, sondern sie ist Anfang, Ziel und Teil desselben.

Somit lässt sich die Kernkompetenz von Mystagoginnen und Mystagogen beschreiben: Sie sind Menschen, die sich selbst wie auch die Kinder und Jugendlichen, mit denen sie arbeiten, als Menschen wahrnehmen, die eine eigene Beziehung zu Gott haben. Kinder und Jugendliche sind in ihren Augen mehr als Einserschüler/innen, Problemkinder, ADS-Kinder, Heimjugendliche, Scheidungskinder, Supersportler, Hochbegabte, Mitläufer, Klassenbeste, Klassensprecherinnen, Klassenclowns, Störer, Leistungsverweigerer ... Kinder und Jugendliche sind Menschen, die in einer Beziehung zu Gott stehen. Auf den ersten Blick erscheint diese Perspektive in Zeiten einer Differenzierung und Pluralisierung der Lebensbereiche zu simpel – als wolle man alle Kinder und Jungendlichen normieren, sie unter religiösem Vorzeichen subsumieren. Es soll aber nicht darum gehen, Kindern und Jugendlichen eine Religiosität oder gar eine enge Vertrautheit mit Gott unterzuschieben, die einige von ihnen weit von sich weisen würden.

Gottesbeziehung – alles harmonisch? Mit dem Begriff »Gottesbeziehung« verbinden wir im alltäglichen Sprachgebrauch eher Harmonie und Nähe, »Gott spüren«, »erfahren« und »sich von Gott getragen fühlen« sind Assoziationen, die sich einstellen. In der neueren Kinder- und Jugendforschung hat sich der Beziehungsbegriff allerdings seiner harmoniesüchtigen Seite entledigt. Kurz gefasst bedeutet die Hinwendung zum Beziehungsbegriff den »Abschied vom Entwicklungsparadigma« in der Kindheits- und Jugendforschung. Durch die Verwendung des Entwicklungsbegriffs als Leitkategorie für pädagogische Theorie und Praxis besteht die Gefahr, Kinder ungewollt als Mangelwesen defizitär zu bestimmen: »Kinder sind *noch*

2 Vgl. Albert Biesinger, Die Gottesbeziehung – ein lebenslanger Lernprozess, in: Theologische Quartalschrift 173 (1993); Heft 1, S. 32-50.

nicht erwachsen, *noch nicht* reif, *noch nicht* kompetent, sie sind ... *noch nicht* fähig, selbstverantwortlich zu handeln, Beziehungen aufzubauen.«[3] Kinder und Jugendliche als Beziehungswesen wahrzunehmen bedeutet, die aktive Rolle, die sie im Prozess ihrer Subjektwerdung übernehmen, zu betonen, es bedeutet, sie als »Autoren ihrer Entwicklung«[4] wahrzunehmen. Das bedeutet nicht, dass Jugendlichen automatisch alles gelingt, dass sie alle Entwicklungsaufgaben, die Kindheits- und Jugendalter mit sich bringen, immer lösen können. Der Züricher Professor für pädagogische Psychologie Helmut Fend nennt fünf Entwicklungsaufgaben, die Kinder und Jugendliche bewältigen müssen:

- den Körper bewohnen lernen/den Umgang mit Sexualität lernen
- den Umbau aller sozialen Beziehungen (zu Eltern, Freunden, Partnern ...)
- den Umbau der eigenen Leistungsbereitschaft, die Erarbeitung einer beruflichen Perspektive
- den Aufbau eigener kultureller Werte, der eigenen Bildung, die Auseinandersetzung mit Gott und der Welt
- die Entwicklung einer neuen Beziehung zu sich selbst, einer neuen Identität.[5]

Wir können also den Entwicklungsbegriff nicht ganz über Bord werfen, aber die Ergänzung durch den Begriff der »Beziehung« hilft, Kinder und Jugendliche als Wesen wahrzunehmen, die ihre Beziehungen aktiv gestalten, ihre Beziehung zu sich selbst, zu anderen Menschen, zur Welt, zur Zeit und zu Gott.[6] In all diesen Beziehungen ist Gelingen möglich. Es erfordert hohe Kompetenzen. Aber es kann auch Scheitern geschehen, Kommunikationsabbruch, Entfremdung.

Kinder und Jugendliche unter dem Aspekt der Gottesbeziehung zu sehen bedeutet nicht, ihnen eine harmonische Liebesbeziehung zu unterstellen. Gottesbeziehung kann auch den Abbruch von Kommunikation umfassen, die Grenze, das Anderssein zu spüren, die Distanz auszuhalten und die Ein-

3 Reinhold Boschki, »Beziehung« als Leitbegriff der Religionspädagogik. Grundlegung einer dialogisch-kreativen Religionsdidaktik, Ostfildern 2003, S. 115.

4 Boschki, S. 117.

5 Vgl. Helmut Fend, Entwicklungspsychologie des Jugendalters, Wiesbaden 3. Aufl. 2003, S. 210-220.

6 Vgl. Boschki, S. 135 ff.

samkeit. Mystagoginnen und Mystagogen nehmen diese Beziehungsqualitäten wahr und unterstützen und begleiten Kinder und Jugendliche bei ihrer Aufgabe der Entwicklung einer eigenen Gottesbeziehung.
Obwohl weder die Gottesbeziehung des Einzelnen noch »Sternstunden im Schulalltag« machbar und planbar sind, bietet dieses Buch Modelle an für Gottesdienste und spirituelle Impulse in der Schule. Mit ihrer Hilfe ist es möglich, Situationen zu schaffen, in denen Begegnung möglich ist, in denen sich Räume für Beziehung – Sternstunden – auftun. Es können Momente entstehen, in denen alle gemeinsam nach den Sternen greifen, Momente, in denen es leicht fällt, wahrzunehmen, dass der oder die andere ein Abbild Gottes ist – mehr noch: ein Mensch, der in einer Beziehung zu Gott steht, der von Gott zutiefst angenommen ist.
Dass die Gottesbeziehung Licht- und Schattenseiten hat, gilt nicht nur für Kinder und Jugendliche. Um einen mystagogischen Blick für die Schülerinnen und Schüler zu gewinnen, bzw. um sich diesen Blick zu erhalten, müssen Lehrerinnen und Lehrer, Schulseelsorgerinnen und -seelsorger zuallererst sich selbst in ihrer Beziehung zu Gott wahrnehmen – im Vertrautsein und in der Fremdheit. Dazu möchte ich im Folgenden Anregungen geben: zu eigenen Sternstunden mit Gott, zu Oasen, in denen Mystagoginnen und Mystagogen der eigenen Gottesbeziehung auf die Spur kommen können.
So können Sie bei sich selbst das erfahren, wozu Sie sich mit den Kindern und Jugendlichen auf den Weg machen. Da die Zeit zur Unterrichtsvorbereitung oft begrenzt ist, schlage ich unterschiedlich lange Wege zur Schatzsuche vor. Versuchen Sie, verschiedene Wege auszuprobieren, wählen Sie den Weg, der am besten in Ihren Arbeitsablauf passt. Zeitliche Dauer ist kein Kriterium für mehr Erfolg!

Schatzsuche in 10 Minuten Versehen Sie ein Blatt Papier mit der Überschrift »Meine Gottesbilder«. Nehmen Sie sich dann genau fünf Minuten Zeit, alles aufzuschreiben, was Ihnen in den Sinn kommt: Fragen, Zweifel, Stichworte, alte Bilder, neue Gedanken etc.
Danach schreiben Sie auf ein zweites Blatt mit der Überschrift »Meine Gottesbeziehung« ebenfalls alles auf, was Ihnen in des Sinn kommt: Aktuelles, Vergangenes, Zukünftiges, Befürchtetes und Erhofftes.
Sie sehen auf einen Blick, wie vielfältig das Thema der »Gottesbeziehung« ist. All Ihre formulierten Gedanken und Gefühle können bei Ihren Schüle-

rinnen und Schülern ebenfalls angesprochen werden – und noch einige mehr. Sind Sie bereit, Ihre Schülerinnen und Schüler auf ihrer Schatzsuche zu begleiten?

Schatzsuche mit Musik in 20 Minuten Machen Sie zuerst den ersten Teil der oben vorgeschlagenen »10-Minuten-Übung« und setzen Sie sich anschließend in einen bequemen Sessel. Legen Sie eine Ihrer Lieblings-CDs auf. Schreiben Sie sich beim Hören: Welche Sehnsucht löst diese Musik in mir aus? Fragen Sie sich Zeit, alles aufzuschreiben, was Ihnen einfällt.
Vergleichen Sie Ihre Notizen zu den Gottesbildern mit den »Sehnsuchtsnotizen«. Wo gibt es Unterschiede? Was sind Gemeinsamkeiten? Wo treffen sich Sehnsucht und Gottesbild? Wo entsprechen sie einander spiegelbildlich? Wo klaffen sie auseinander?
Diese Übung macht deutlich, welche Tiefenschichten und Gefühle sich mit dem Thema »Gottesbilder« verbinden. Meine ureigensten Wünsche oder tiefen Befürchtungen und Verletzungen können sich damit verbinden. Es wird deutlich, warum bei diesem Thema sensibel mit Äußerungen von Schülerinnen und Schülern umgegangen werden muss.

Schatzsuche als kreativer Prozess in 45 Minuten Haben Sie schon lange nicht mehr gemalt? Halten Sie sich für nicht begabt? Dann ist diese Methode etwas für Sie, denn hier geht es nicht um ästhetische Perfektion.
Alles, was Sie brauchen, ist ein Klebestift, ein DIN-A3-Bogen Papier in einer Farbe, die Sie anspricht, und ein oder mehrere Bögen farbiges Papier (Bastelpapier, Transparentpapier oder einfach farbiges Kopierpapier), keine Schere!
Wenn Sie wollen, hören Sie dazu eine für Sie angenehme Musik. Stellen Sie einen Wecker auf 25 Minuten und gestalten Sie mit den vorhandenen Materialien »Meine Beziehung zu Gott«. Lassen Sie sich ein auf die Unvollkommenheit der Methode, die Unmöglichkeit, genaue Formen und klare Linien zu produzieren. Nutzen Sie die Zeit aus und versuchen Sie, nicht länger zu arbeiten.
Nach 25 Minuten betrachten Sie Ihr »Werk«. Machen Sie sich nun Notizen zum Prozess des Gestaltens: Was ist mir leicht gefallen? Was schwer? Wem würde ich dieses Bild zeigen? Wie würde ich es zeigen wollen?

Schatzsuche als »Wüstentag« In der Wüste fand das Volk Israel zu seinem Gott, haderte mit ihm, begegnete ihm. Vielen Propheten, zum Beispiel dem Propheten Elija, begegnete Gott in der Wüste (1 Kön 19,4–13). Jesus erlebte hier seine stärksten Versuchungen und hielt sich an Gott (Mt 4,1–11). Wüste, das bedeutet: Ich mache mich auf zu mir selbst. Das ist auch uns hier in der gemäßigten Zone, in Mitteleuropa möglich.

Die luxuriöseste Variante, der eigenen Gottesbeziehung auf die Spur zu kommen, ist, sich in einem Kloster oder einem Exerzitienhaus anzumelden und eine Woche oder einige Tag lang in Begleitung diesem Thema nachzugehen.

Aber auch allein kann ich mir einen »Wüstentag« gestalten. Ich lade mich selbst ein zu einem Tag »Gottesbeziehung«, zu einem Tag ohne Telefon, ohne Computer, ohne anderes Thema. Dieser Tag gehört mir und Gott.

Zunächst lege ich fest, wann meine »Wüstenzeit« beginnt und wann sie endet. Es hilft, wenn ich dann meine vier Wände verlassen kann, um Zeit in der Natur zu verbringen. Ich nehme ein Vesper mit, vielleicht auch Material zum Schreiben oder Malen, vielleicht auch eine der im ersten Absatz erwähnten biblischen Geschichten.

Ich mache mir kein festes Programm, ich wandere, halte mich auf, wo ich sein will, bin mit mir allein und habe Zeit zum Nachdenken. Ich bin unterwegs mit der Frage: »Wer ist Gott für mich?« Was mir wichtig ist, schreibe ich auf. Eine halbe Stunde vor dem Ende der Zeitbegrenzung, die ich mir gesetzt habe, halte ich »Erntezeit«. Alles, was mir wichtig geworden ist, alle meine Fragen schreibe ich auf. Vielleicht kann ich manches davon in einem Gebet oder einem Lied Gott in die Hände legen. Ich schließe meine »Wüstenzeit« bewusst ab und begebe mich wieder in meinen Alltag.

CLAUDIA GUGGEMOS

Literatur zum Weiterlesen

Albert Biesinger, Die Gottesbeziehung – ein lebenslanger Lernprozess, in: Theologische Quartalschrift 173 (1993); Heft 1, 32–50.

Albert Biesinger, Religionsunterricht als Erschließung der Gottesbeziehung, in: Scheilke/Schweitzer 1999, 343–354.

Albert Biesinger, Entschiedene Option für das Paradigma Gottesbeziehung, in: Katechetische Blätter 127 (2002), Heft 4, 283–285.

Reinhold Boschki, »Beziehung« als Leitbegriff der Religionspädagogik. Grundlegung einer dialogisch-kreativen Religionsdidaktik, Ostfildern 2003.

Helmut Fend, Entwicklungsaufgaben und ihre Bewältigung, in: Fend, Helmut, Entwicklungspsychologie des Jugendalters, Wiesbaden [3]2003, 210–220.

Mirjam Schambeck, Mystagogisches Lernen. Zu einer Perspektive religiöser Bildung (Studien zur Theologie und Praxis der Seelsorge Bd. 62), Würzburg 2006.

Wie es gehen kann
Eine Gebrauchsanleitung

Geistliche Impulse und Gottesdienste in der Schule wollen

- den Alltag unterbrechen
- innere Sammlung ermöglichen
- Gemeinschaft stiften
- zu sich und Gott finden helfen
- den Glauben stärken
- Lebenshilfe und Anregung sein.

Anlässe gibt es viele

Menschen haben ein existenzielles Bedürfnis nach Religiosität und Spiritualität. Diese Bedürfnisse und das Leben machen vor der Schultür nicht halt.

Im Verlauf eines Jahres gibt es in der Schule eine Vielzahl von Anlässen für spirituelle Impulse:

- entlang des Kirchenjahres: z. B. zu Advent, Weihnachten, Ostern
- entlang des Schuljahres: z. B. zu Beginn des Schuljahres, zur Abschlussprüfung, wöchentliche Schülergottesdienste
- zu lebensnahen Anlässen: z. B. beim Unfalltod eines Schülers oder anlässlich einer Katastrophe.

Die Teilnehmenden

Wenn es um spirituelle Angebote in der Schule geht, haben die Verantwortlichen zuerst meist die Schüler/innen im Blick. Daneben sind aber auch Lehrende und Eltern eine mögliche Zielgruppe. Vielen Lehrer/innen fällt es schwer, Angebote für Kolleg/innen oder Eltern zu machen. Hier gibt es – oft unbegründete – Ängste und Vorbehalte. Neben eigenständigen Angeboten für die jeweiligen Gruppen ist es auch möglich, Lehrer/innen oder Eltern zu Angeboten für Schüler/innen mit einzuladen. Entsprechend der jeweiligen Zusammensetzung gilt es, die Teilnehmenden nicht zu überfordern. Sprache und Elemente sind entsprechend anzupassen.

Ökumene und Gastfreundschaft

Nicht alle, die in der Schule arbeiten und leben, begrüßen das Angebot von spirituellen Impulsen; möglicherweise, weil eigene Probleme mit dem Glauben oder mit der Kirche Widerstände auslösen. Als Argument gegen spirituelle Angebote wird angeführt, dass nur noch ein Teil der Schüler/innen, Lehrer/innen und Eltern christlich sei und man den anderen nicht zumuten könne, an den Angeboten teilzunehmen. Andererseits leben wir in einer Kultur, die nach wie vor christlich geprägt ist. Wenn es in der Schule versäumt wird, christliche Voraus-Setzungen zu schaffen und Kinder und Jugendliche in die christliche Kultur einzuführen, wird ihnen etwas Entscheidendes vorenthalten. Zu erfahren, dass es Menschen gibt, die an Gott glauben und dies durch ihren Einsatz in der Schule auch bezeugen, kann für Schüler/innen eine ermutigende und wegweisende Erfahrung sein. Wo es möglich und nötig ist, gilt es zu prüfen, wie Angebote überkonfessionell und interreligiös gestaltet werden können – ohne jedoch den kleinsten gemeinsamen Nenner zu wählen. Vielmehr gilt es, das je eigene religiöse oder konfessionelle Profil zu wahren, zu leben und im Alltag zum Ausdruck zu bringen. Viele Nicht- und Andersgläubige können als Gast sehr gut mit so geprägten Impulsen umgehen. Es geht um die Achtung religiöser Überzeugungen, um Offenheit und Dialogbereitschaft, ohne dabei spezifische Profile zu verwischen.

Wir laden ein

Geistliche Impulse und Gottesdienste sind eine Einladung, keine Verpflichtung. Gerade weil Leben und Glauben im Zentrum stehen, sollten sich die Schüler/innen frei zur Teilnahme entscheiden können. Eine Teilnahme zu erzwingen, löst nur Widerstände aus und führt unvermeidlich zu Störungen, die den anderen Teilnehmenden ein tiefes Erleben erschweren oder unmöglich machen. Spirituelle Impulse sollen eine Bereicherung sein und von Schülerinnen und Schülern als solche empfunden werden. Wenn Vorbehalte oder Ablehnung bestehen, lohnt es sich, diese im Vorfeld offen anzusprechen.

Verortung im Schulalltag

Ideal ist es, wenn spirituelle Angebote erkennbar zum Profil einer Schule gehören und fest im Verlauf des Schuljahres verankert sind. Denn Regel-

mäßigkeit und Gewohnheit geben Sicherheit bei der Planung und Durchführung. Sie bieten auch für die Schüler/innen einen guten Orientierungsrahmen.
Hilfreich kann zum Beispiel sein, dass sich die Fachschaft Religion zu Beginn eines Schuljahres zusammensetzt, ein Jahresprogramm plant, es mit der Schulleitung abspricht und in der Gesamtlehrerkonferenz vorstellt. Dieses Vorgehen kann vieles erleichtern und neue Möglichkeiten eröffnen.

Vorbereitung

Zu oft werden spirituelle Impulse von einer Person alleine vorbereitet. Das mag manchmal nicht anders möglich sein, ideal ist es aber, wenn mehrere Interessierte ein Angebot miteinander vorbereiten und durchführen. Verschiedene Ideen und Begabungen fließen in die Vorbereitung ein und die Last wird auf mehrere Schultern verteilt. Es empfiehlt sich außerdem, Schüler/innen in die Organisation und Durchführung einzubeziehen. Dies fördert die Aufmerksamkeit und Akzeptanz eines Angebotes an der Schule.

Leitung ist notwendig

Wesentlich bei einem spirituellen Impuls ist die Leitung. Sie muss während der Organisation und Durchführung den Überblick haben, den Anfang und das Ende setzen und Einsätze geben. Die Haltung und das Verhalten des/der Leitenden prägen den Verlauf und tragen zum Gelingen eines spirituellen Impulses wesentlich bei. Sie unterstützen das Entstehen einer Feierkultur oder verhindern diese.
Wenn bei spirituellen Angeboten die Leitung vernachlässigt wird, geschieht dies oft aus dem guten Vorsatz heraus, in diesen Bereich nicht eingreifen oder bei so einem sensiblen Angebot nicht im Zentrum der Aufmerksamkeit stehen zu wollen. Hier gilt es, das richtige Maß zu finden und dabei doch stets die Leitung fest im Blick zu haben.

Verlauf

Ein möglicher Verlauf und Elemente eines geistlichen Impulses oder Gottesdienstes können sein:

- *Ankommen/Schwellengang:* Meditative Musik im Hintergrund oder das Einüben von Liedern erleichtert den Teilnehmenden den Schwellengang vom profanen Schulalltag in einen anderen Raum. Eine Einführung in den geplanten Ablauf kann Unsicherheiten abbauen und Regieanweisungen während des Angebots erübrigen.

- *Eröffnung:* in Form einer Begrüßung, einer Eröffnungshandlung und eines Gebetes
- *Lied*
- *Hinführung zum Thema:* mit Worten, einer Handlung oder Symbolen
- *Schrifttext/Botschaft:* Lesung und Deutung eines Schrifttextes
- *Lied*
- *Gemeinschaft:* Durch Fürbittgebet, Vaterunser und Schlussgebet kann die Gottesbegegnung und Begegnung untereinander bekräftigt und vertieft werden.
- *Abschluss und Übergang:* Entsendung, Segen, Gedanken zum Schluss und eine »Hausaufgabe« oder ein Erinnerungssymbol für den Alltag
- *Lied*

Oberster Leitsatz bei der Vorbereitung sollte immer sein: Weniger ist oft mehr. Eine bloße Aneinanderreihung von thematisch passenden Einzelelementen ist wenig sinnvoll. Vielmehr bedarf der Aufbau jedes Angebotes eines gewissen Spannungsbogens. Wichtige Elemente sind dafür der Wechsel von Worten, Handlungen, Symbolen, Gesten, Texten, Liedern und Musik mit Impulsen und Beteiligung der Teilnehmenden.

Raum gestalten

Wenn man die Wahl hat, ist es gut, zu überlegen, welcher Raum zum eigenen Angebot passt: ein Klassenzimmer, der Meditationsraum, der Pausenhof oder das Schulgelände, eine nahe gelegene Kirche oder ein Gemeindezentrum. Wichtig ist es, Atmosphäre zu schaffen, egal wo das Angebot stattfindet. Oft genügen dafür wenige Elemente wie Kerzen, Musik, Tücher oder Blumen.

Alles hat seine Zeit

Manchmal ist es eine Kunst, die ideale Zeit für ein Angebot zu finden. Erfahrungsgemäß ist es günstig, einen Impuls an den Beginn oder das Ende eines Tages oder einer Schulstunde zu legen. Im Idealfall wird er für die Schüler/innen zu einem gelungenen Einstieg in den Tag oder zu einem Abschluss, der danach noch Raum für jede/n Einzelnen lässt. Das gleiche gilt für die Überlegung, zu welchem Zeitpunkt in der Schulwoche oder im Schuljahr ein Angebot passt. Manchmal muss man etwas experimentieren, um den idealen Zeitpunkt für ein Angebot herauszufinden.

Rückschau halten

Nach einem Angebot ist es gut, sich ein paar Minuten Zeit zu nehmen und Rückschau zu halten: Was hat sich bewährt, was könnte verbessert werden, woran ist beim nächsten Mal noch zu denken? Es ist hilfreich, sich für folgende Angebote Notizen zu machen und eine Art Checkliste zu erstellen.

Für eine gute Sache werben

Für jedes Angebot, und sei es noch so gut, müssen Interesse und Neugier erst geweckt werden. Das geschieht am Besten über persönliche Einladung und Mund-zu-Mund-Propaganda. Darüber hinaus sind Lehrerkonferenzen, Plakate und Schulhomepages weitere gute Möglichkeiten, um für ein Angebot zu werben und einzuladen. Wenn sich feste Zeiten und Rhythmen für Angebote einspielen, wird vieles einfacher und (manchmal) selbstverständlich.

HELMUT DEMMELHUBER/ACHIM WICKER

Impulse im Unterricht

Keine Panik!

Anti-Stress-Meditation

Zielgruppe

Schüler/innen vor Prüfungen oder Klassenarbeiten; erprobt in den Sekundarstufen I und II, auch für erwachsene Personen geeignet

Vorüberlegungen

Prüfungen sind eine besondere Herausforderung in jedem Lebenslauf. Neben einer sachgerechten fachlichen Vorbereitung hängt der Erfolg auch von der mentalen Einstellung ab. Die nachfolgende Meditation will Schüler/innen unterstützen, in Prüfungssituationen ihre Befindlichkeit wahrzunehmen, die von einer positiven Anspannung bis zu lähmenden Ängsten reichen kann, und einen möglichen Weg zum Umgang mit dieser Wirklichkeit zeigen. Dies geschieht in mehreren Schritten, von der Körperwahrnehmung über bewusste Atmung, An- und Entspannungsübungen, das Bewusstmachen der Nähe Gottes, bis hin zur Stärkung der Persönlichkeit auf dem Hintergrund des Vertrauens auf die von Gott geschenkten Fähigkeiten.

Damit die Meditation gelingt, sollte die Klasse vorbereitet werden. Es ist wichtig, für Stille zu sorgen, den Schülerinnen und Schülern die Angst zu nehmen und ihnen zu erklären, was auf sie zukommt.

Material

- CD-Player oder Kassettenrecorder mit ruhiger, meditativer Musik
- Decken

Ruhig werden

Schüler/innen legen sich auf den Boden und entspannen sich 5–7 Minuten. Im Hintergrund läuft leise Meditationsmusik.

Den eigenen Körper wahrnehmen

Die Hintergrundmusik leiser stellen oder ausschalten.

Ich spüre, wie mein Körper auf dem Boden liegt. Ruhig und schwer liegt er da. Ich lasse alle Gedanken los und achte nur auf meinen Körper.

Zunächst spüre ich die Auflagepunkte meiner Fersen, wie sie den Boden berühren.

Ich gehe von den Füßen in die Beine und fühle die Waden und dann die Schenkel, wie sie den Boden berühren. Meine Beine werden ganz schwer. Ich lege sie auf dem Boden ab.

Ich achte auf die Auflagepunkte des Gesäßes. Es liegt ruhig und schwer am Boden.

Ich gehe weiter hinauf in den Rücken und nehme wahr, wie er bis zu den Schultern auf dem Boden liegt.

Ich fühle in den Schulter-Hals-Bereich und nehme Verspannungen wahr. Ich versuche, die Verspannungen zu lösen, indem ich meinen Körper bequem zurechtrücke und entspanne.

Meine Arme liegen ruhig und schwer am Boden.

Ruhig und schwer liegt mein Kopf am Boden. Ich versuche, alle Gedanken loszulassen, und spüre nur meinen Körper.

Der Boden hält mich, ich kann nicht fallen. So vertraue ich mich der Erde an. Ich löse alle Spannungen und liege ganz entspannt da.

Der Atem

Ganz entspannt liege ich am Boden und vertraue der Erde, die mich trägt.
Nun achte ich auf meinen Atem, wie er ein- und ausströmt.
Ruhe und Gelassenheit atme ich ein, alle Anspannung, allen Stress und alle Ängste atme ich aus.
Die Übung fünfmal wiederholen, dazwischen ca. eine Minute Ruhe.

Anspannung und Entspannung

Ich setze schrittweise meinen ganzen Körper unter Spannung. Dabei beginne ich mit den Zehen. Ich rolle sie ein, als wollte ich einen Stift damit halten.

Ich spanne Waden und Oberschenkelmuskulatur an. Auch die Gesäßmuskeln spanne ich an.

Ich balle die Hände zu einer Faust und spanne meine Armmuskulatur an.

Ich presse meine Lippen und Augen fest zusammen.

Zuletzt spanne ich meine Bauchmuskulatur an und halte die Spannung. In diese Spannung lege ich meinen Stress und alle meine Ängste. Ich halte die Spannung.

Die Spannung etwa 20 Sekunden halten.

Jetzt löse ich die Spannung und werde ganz locker. Wenn ich das Bedürfnis habe, schüttle ich meine Glieder im Liegen aus.

Ich lasse Ruhe, Gelassenheit und Entspannung in meinen Körper einkehren. Mein Kopf wird leer, ich lasse meine Gedanken los und entspanne mich.

Die An- und Entspannungsübung dreimal wiederholen. Zwischen jedem Durchgang ca. 45 Sekunden Pause.

Meditatives Gebet

Mein Körper und mein Geist sind entspannt. Ich beginne meinen Geist wieder zu aktivieren, indem ich folgenden Gedanken, formuliert von Dietrich Bonhoeffer, in mich aufnehme und bedenke:

»Von guten Mächten wunderbar geborgen, erwarte ich getrost, was kommen mag. Gott ist mit mir am Abend und am Morgen und ganz gewiss an jedem neuen Tag.«

Das Gebet dreimal wiederholen, dazwischen 45 Sekunden Pause.

Rückkehr in den Alltag

Mit diesen Gedanken kehre ich in meinen Alltag zurück. Im Vertrauen auf Gott und die Fähigkeiten, die er mir gegeben hat, will ich mich jetzt der Prüfungsvorbereitung und der Prüfung selbst (alternativ: allen Anforderungen und Situationen, die heute auf mich zukommen) stellen.

Sie haben jetzt noch fünf Minuten Zeit, um langsam in den Alltag zurückzukommen. Diese fünf Minuten gehören Ihnen. Werden Sie langsam wach, wenn Sie das Bedürfnis haben aufzustehen, dann können Sie dies tun. Sie dürfen sich auch lockern und strecken.

Wenn ausreichend Zeit vorhanden ist, ist es hilfreich, mit den Schülerinnen und Schülern kurz ins Gespräch darüber zu kommen, wie es ihnen bei der Meditation ergangen ist. Hier bietet sich die Methode des Blitzlichtes an.

KLAUS HILBERT

Ich bin der »Ich-bin-da«

Segnung vor einer Prüfung

Zielgruppe

Schüler/innen, die vor einer Abschlussprüfung stehen

Vorüberlegungen

Schüler/innen gehen mit Prüfungssituationen unterschiedlich um, für die meisten bedeuten sie Anspannung und Druck. Versäumtes kann nicht mehr ohne Weiteres nachgeholt werden und das, was eine/r weiß, kann ihm/ihr im entscheidenden Moment nicht mehr einfallen. Eine Segnung vor einer Abschlussprüfung kann Fehlendes nicht kompensieren und will auch kein magisches Ritual gegen Stress und Angst sein. Sie bietet in kollektiver Form eine Möglichkeit, die besondere Situation der Prüfung »ins Gebet zu nehmen«, sodass die einen nicht verschämt zu beten brauchen und andere, die kaum Gebetspraxis haben, eine religiöse Erfahrung machen können, die Mut und Vertrauen schenkt. Die Aktualisierung der Zusage und Offenbarung Gottes an Mose »Ich bin der Ich-bin-da« kann in dieser Situation das Selbst- und Gottvertrauen stärken, auch im Umgang mit Mängeln, die man sich selbst eingestehen muss.

Die Segensfeier dauert ca. 30 Minuten und ist für einen Klassenverband gedacht. Die Mitte des Stuhlkreises wird gestaltet: Mit braunen Kett-Tüchern wird ein Tor gelegt. Über dem Tor wird der Schriftzug »Gott sagte zu Mose: ›Ich bin der Ich-bin-da‹« angebracht. In der Anzahl der Schüler/innen laufen verschiedenfarbige Bänder auf das Tor zu. Darum herum legt man runde beschriftete und leere Moderationskarten (s. u.). Daneben ist eine große brennende Kerze aufgestellt und ein Körbchen mit Teelichtern. Je nach Alter und Brauch an der Schule werden die Schüler/innen mit »Du« oder »Sie« angesprochen.

Material

- braune Kett-Tücher, farbige Bänder
- Papierstreifen mit Schriftzug: »Gott sagte zu Mose: ›Ich bin der Ich-bin-da‹« (Ex 3,14a)

- große Kerze, Teelichte
- runde beschriftete und leere Moderationskarten
- CD-Player und meditative Musik
- Spruchkärtchen
- Schokoladenriegel

Begrüßung

Lied

EH 245 »Komm, Heilger Geist, der Leben schafft«

Impuls

Prüfungssituationen haben es in sich. Über das gemeinsame Arbeiten hier an der Schule hinaus hat sich jeder und jede von euch individuell auf die Abschlussprüfung vorbereitet und geht mit unterschiedlichen Gefühlen an die schriftlichen und mündlichen Prüfungen heran. Es ist, wie wenn man vor einem Tor steht und nicht genau weiß, was einen dahinter erwartet, obwohl man die Situation geprobt hat. Dieses Prüfungstor liegt symbolisch hier in der Mitte und für jeden und jede von euch liegt ein farbiges Band davor. Ihr steht als Einzelne, mit unterschiedlichen Voraussetzungen, und doch gemeinsam vor diesem Tor.

Gedanken, Hoffnungen, Bitten, die ihr heute vielleicht habt, habe ich auf diese Karten geschrieben:

- Ich hoffe, dass mir die Zeit nicht ausgeht.
- Ich möchte cool und ruhig bleiben.
- Hoffentlich fällt mir das Richtige wieder ein.
- Ich möchte mich konzentrieren und nicht ablenken lassen.
- Ich weiß auch, dass die Prüfung nicht alles ist.
- Ich bitte um Gottes Hilfe.
- Ich hoffe auf etwas Glück.
- Ich hoffe, dass die Fragen nicht zu schwer sind.
- Ich möchte zeigen, was ich kann.
- Ich bin froh, dass es endlich soweit ist.
- Ich möchte vor der Prüfung gut schlafen können.
- Ich möchte von anderen in Ruhe gelassen werden.
- Ich bin ziemlich aufgeregt.

Die leeren Moderationskarten stehen für weitere Gedanken, die nicht aufgeschrieben wurden.

Die Schüler/innen einladen, an der großen Kerze Teelichte zu entzünden und auf die Moderationskarten zu stellen, deren Aussagen sie ansprechen, oder auf eine leere. Im Hintergrund spielt Meditationsmusik.

Lied

EH 115 »Ich bin der Ich-bin-da«

Gebet

Gott, du kennst uns und weißt, wie jedem und jeder heute zumute ist.
Wir bitten dich, sei uns und allen nahe, die vor einer Prüfung stehen. Gib uns Vertrauen und einen klaren Verstand. Bewahre uns vor Panik und lass uns fair bleiben. Gib du uns Kraft und Halt in den kommenden Tagen.
Dein Heiliger Geist stärke unsere Phantasie und lasse unsere inneren Kräfte sprudeln.

Vaterunser

All unsere Bitten und Hoffnungen legen wir in das Gebet hinein, das Jesus uns zu beten gelehrt hat:

Alle fassen sich an den Händen und beten gemeinsam:

Vater unser im Himmel …

Segen

Die Schüler/innen legen sich gegenseitig die Hände auf die Schultern.
Die anwesenden Lehrer/innen sprechen gemeinsam den Segen.

Der Herr segne euch und behüte euch.
Der Herr lasse sein Angesicht über euch leuchten und sei euch gnädig.
Der Herr wende euch sein Angesicht zu und schenke euch seinen Frieden.
So seid gesegnet im Namen Gottes, des Vaters und des Sohnes und des Heiligen Geistes.

Die anwesenden Lehrer/innen geben den Schüler/innen die Hand und wünschen eine gute Prüfung. Dazu kann eine Spruchkarte und ein Schokoladenriegel überreicht werden.

MARGRET SCHÄFER-KREBS

Ich will dir den Rücken stärken

Wenn eine Klasse auseinandergeht

Zielgruppe

Schüler/innen der Sekundarstufen I und II

Vorüberlegungen

Wenn eine Klasse auseinandergeht, ist es wichtig, den Abschied bewusst zu gestalten und zu feiern. Vor allem wenn ein neuer Lebensabschnitt ansteht, wie zum Beispiel nach dem Schulabschluss. So kann der Abschied wirklich vollzogen werden und es ist leichter, sich Neuem zu öffnen.
Der Beitrag »Ich will dir den Rücken stärken« soll den Schülerinnen und Schülern Mut machen für das Kommende und ist für eine Doppelstunde und eine Gruppe/Klasse von 7 bis 33 Schüler/innen geeignet.
Die Mitte des Stuhlkreises ist mit Tüchern und einer Kerze sowie pro Schüler/in mit einem Pappstern (etwa 20 x 20 cm) und einem Teelicht gestaltet.

Material

- Tücher, Kerze, Streichhölzer
- pro Schüler/in ein Bogen Papier mit Umschlag, ein Pappstern und Klebeband, ein Teelicht

Begrüßung und Einführung

Wir sind heute das letzte Mal in dieser Runde zusammen und wollen uns bewusst Zeit nehmen, um Abschied zu feiern und uns von unseren Mitschülerinnen und Mitschülern und Gott den Rücken für den kommenden Weg stärken zu lassen.

Spaziergang »Wie geht's weiter?«

Die Schüler/innen gehen ca. 20 Minuten alleine spazieren und bekommen für diese Zeit Impulsfragen auf einem Zettel mit, über die sie sich Gedanken machen sollen.

Mögliche Impulsfragen:

- Wie geht es bei dir nun weiter?
- Auf was freust du dich und was erträumst du dir?

- Was macht dir Angst?
- Wen oder was wirst du vielleicht vermissen?
- Was nimmst du dir für die kommenden drei Monate vor?

Brief an sich selbst schreiben

Wieder zurück im Klassenzimmer schreiben die Schüler/innen in ca. 20 Minuten einen Brief an sich selbst. Aufgabe ist es, die Gedanken des Spaziergangs aufzuschreiben: schöne Erinnerungen an die Zeit in der Klasse, Ereignisse, auf die sie sich freuen, aber auch Dinge, die sie sich für die nächsten drei Monate vornehmen wollen.

Die Schüler/innen adressieren die Briefe an sich selbst und legen diese zugeklebt in die gestaltete Mitte.

Nach drei Monaten bekommen die Schüler/innen die Briefe von ihrem Lehrer/ihrer Lehrerin zugeschickt.

Fürbitten

Jeder und jede von euch hat Wünsche und Träume, vielleicht aber auch Ängste, wenn ihr an die Zeit denkt, die vor euch liegt. In der Gewissheit, dass Gott jeden Einzelnen von uns auf seinem Weg begleiten wird, wollen wir unseren Dank und unsere Bitten ihm anvertrauen. Dazu steht für jeden von euch ein Teelicht in der Mitte. Wenn ihr dieses an der großen Kerze anzündet, könnt ihr euer Gebet laut aussprechen oder es in Stille für euch formulieren.

Nach je drei Fürbitten

EH 62 »Geh mit uns«

Den Rücken stärken

Zum Abschluss stärken sich die Schüler/innen gegenseitig den Rücken. Dazu kleben sie eine Papphand mit Klebeband auf ihrem Rücken fest. Wenn alle Schüler/innen eine Hand auf dem Rücken haben, gehen sie in der Klasse umher und schreiben möglichst vielen anderen Schüler/innen einen Wunsch für die Zukunft oder einen Dank für die gemeinsame Zeit auf die Hand. Während der Aktion wird nicht gesprochen. Es kann im Hintergrund meditative Musik laufen.

Nach ca. 20 Minuten setzen sich die Schüler/innen wieder in den Kreis und können in Ruhe ihre Papphand lesen.

Segen

Nachdem ihr bereits von euren Mitschülern und Mitschülerinnen den Rücken gestärkt bekommen habt, wollen wir uns nun auch von Gott den Rücken stärken lassen. Wir stehen dazu auf und legen jeweils die rechte Hand auf den Rücken des Nachbarn oder der Nachbarin.

Gott, der deine Ängste und Unsicherheiten kennt,
will dir den Rücken stärken.
Gott, der deine Träume und Hoffnungen kennt,
will dir den Rücken stärken.
Gott, der dich auf all deinen Wegen begleitet,
will dir den Rücken stärken.
So segne dich Gott, der Vater, der Sohn und der Heilige Geist.

KATHRIN HÄßLER

Grüß Gott, Maria!

Impuls im Advent

Zielgruppe

Schüler/innen der Sekundarstufen I und II, Lehrer/innen, Eltern

Vorüberlegungen

Im Zentrum der Besinnung steht die junge Maria, die durch den Engel von ihrer Schwangerschaft erfährt (Lk 1,26–38). Dadurch wird sie vielen Fragen, Ängsten und Sorgen ausgesetzt. Am Ende aber legt sie alles in Gottes Hand und nimmt die Herausforderung mutig an. Die Besinnung möchte die Teilnehmenden anregen, ihre persönlichen Sorgen ebenso in Gottes Hand zu legen und Hoffnung zu schöpfen.

Die Besinnung dauert ca. 20 Minuten und ist für fünf bis dreißig Teilnehmer/innen geeignet. In einem größeren Raum (z. B. Gymnastikraum) wird mit Matten oder Sitzkissen ein Kreis gebildet. Die Kreismitte wird mit einem Tuch gestaltet, auf dem eine Egli-Figur (»Maria«), eine Kerze, ein Foto mit dem Gesicht eines jungen Mädchens und Teelichter, die noch abgedeckt sind, stehen. Wortkarten in Form von Steinen sind so im Raum verteilt, dass die Beschriftung noch nicht erkennbar ist.

Die Besinnung bietet sich vor allem für die Adventszeit an.

Material

- Tuch, Kerze, Egli-Figur »Maria«, Foto mit dem Gesicht eines jungen Mädchens, Streichhölzer, Teelichter
- beschriftete Wortkarten in Form von Steinen
  Vorschläge für die Beschriftung:
  Ich weiß nicht, ob ich das Kind bekommen will. – Wird das Kind gesund sein? – Wer wird mir helfen? – Wo soll ich bloß hingehen? – Ich schaffe das nicht! – Was werden meine Eltern dazu sagen? – Ich soll dieses Kind bekommen? – Werde ich die Geburt überleben? – Ich fühle mich so allein. – Was werde ich mit diesem Kind erleben? – Ich brauche jemanden, mit dem ich reden kann. – Ich habe Angst! – Wie soll ich das nur Josef sagen? – Josef wird mir vielleicht nicht glauben! – Was wird alles auf mich zukommen? – Ich brauche Hilfe! – Vielleicht habe ich mich

getäuscht? – Wem kann ich mich anvertrauen? – Vielleicht habe ich das mit dem Engel nur geträumt! – Wovon soll ich leben? – Kann ich diese Verantwortung tragen? – Ich freue mich auf das Kind! – Ich habe mir mein Leben anders vorgestellt. – Ich will es versuchen! – Mein Gott, gib mir Kraft! – Wenn Gott mir dieses Kind schickt, dann hilft er mir auch. – Es könnte auch ein Hoffnungszeichen sein. – Irgendwie wird es schon gehen.

- CD-Player und ruhige klassische Musik

Begrüßung

Die Teilnehmenden zur Ruhe anleiten. Im Hintergrund läuft meditative Musik.

Schrifttext

Angelehnt an Lk 1,26–38 wird folgender Text vorgelesen:

Maria ist ein junges Mädchen, vielleicht zwischen 14 und 16 Jahren alt. Sie lebt mit ihren Eltern Anna und Joachim in Nazaret. Sie ist verlobt mit einem viel älteren Mann, dem Zimmermann und Bauhandwerker Josef. Die Nachricht des Engels trifft sie bestimmt wie ein Blitz. Der Engel sagt ungefähr Folgendes zu Maria:

»Grüß Gott, Maria! Du bist etwas Besonderes. Du bist von Gott gesegnet unter den Frauen und gesegnet ist das Kind, das in deinem Bauch heranwächst, nämlich Jesus, der Messias.«

Dann lässt er Maria allein mit unendlich vielen Fragen im Kopf. Sie macht sich auf den Weg, um ihre Verwandte Elisabet zu besuchen, die auch schwanger ist.

Bewegungselement

Die Teilnehmenden einladen, sich im Raum zu bewegen und sich auch auf den Weg zu machen. Dazu läuft meditative Musik.

Maria geht vieles durch den Kopf. Ihr Weg ist bestimmt steinig und sie stolpert immer wieder.

Die Teilnehmenden auffordern, einen der ausgelegten »Steine« aufzuheben. Alle lesen vor, was auf ihrem »Stein« steht und setzen sich mit dem »Stein« wieder auf ihren Platz.

Meditation

Maria wird von ihrer Verwandten Elisabet freundlich begrüßt. Elisabet ehrt sie als Mutter des Erlösers, des Messias.

Maria legt ihre vielen Fragen in Gottes Hand und nimmt die Aufgabe an. Sie legt ihre Angst und ihre Fragen weg. Sie vertraut auf Gott und schöpft daraus Mut, Zuversicht und Hoffnung.

Auch wir können unsere Sorgen bei Gott lassen. Das Vertrauen in seinen Beistand schenkt uns ein Licht der Hoffnung.

Alle legen ihren »Stein« in der Kreismitte ab, nehmen sich ein Teelicht und zünden es an der großen Kerze an.

Lied

EH 97 »Magnificat«

Die Teilnehmenden nehmen ihr »Hoffnungs-Teelicht« mit nach Hause.

SIGRID KEICHER

Mein Weg im Advent

Gestaltung eines Adventsweges im Klassenzimmer

Zielgruppe

Schüler/innen der Sekundarstufen I und II

Vorüberlegungen

Das Prinzip eines Adventskalenders ist bekannt. Jeden Tag im Dezember nimmt man sich etwas: eine Süßigkeit, ein Bild, einen Spruch. Der vorgeschlagene Adventsweg kehrt das Prinzip des Adventskalenders um: Statt etwas zu nehmen, bringen die Schüler/innen etwas mit oder legen etwas auf dem Weg ab. Der Adventskalender leert sich mit der Zeit, der Adventsweg dagegen wird auf Weihnachten hin immer voller. Der gestaltete Weg ist damit Ausdruck individueller und gemeinschaftlicher Vorbereitung.

Der Weg wird durch ein langes Tuch sichtbar, das im Klassenzimmer möglichst liegen bleiben kann. Dafür bietet sich z. B. eine lange Fensterfront an. Idealerweise bildet das Tuch die Mitte des Raumes – je nach Sitzordnung und Klassenzimmernutzung. Der Adventsweg sollte am Anfang der Adventswoche gestaltet werden. Für jede Wochensequenz sind ca. 20–30 Minuten einzuplanen.

Der Ablauf der einzelnen Sequenzen sollte in etwa gleich gestaltet werden. Dies schafft einen vertrauten Rahmen und lässt dadurch dem Inhalt genügend Raum.

Material

- langes, möglichst einfarbiges Tuch (ca. 4 Meter)
- Kieselsteine, Teelichter, kopiertes Zifferblatt einer Uhr, buntes Papier, Geschenkband
- Eddingstifte, Stifte

Erste Adventswoche: Belastendes ablegen, um aufbrechen zu können

VORBEREITUNG

Das Tuch im Raum platzieren, Steine und Eddingstifte bereithalten.

LIED

EH 62 »Geh mit uns«

BEGRÜSSUNG UND EINFÜHRUNG IN DEN GRUNDGEDANKEN DES »ADVENTSWEGES«

IMPULS

Schaufensterdekorationen und Lebkuchenpackungen machen seit Wochen deutlich, dass Weihnachten vor der Tür steht. Allerdings: ohne Vorbereitung kein Fest! Deshalb ist Zeit im Advent wichtig, in der wir uns auf den Weg machen können. Jedoch kommt es häufig vor, dass wir es aus verschiedenen Gründen nicht schaffen, uns auf Weihnachten richtig vorzubereiten. Nehmen wir uns am Anfang des Advents Zeit zum Überlegen, warum das so ist:

Welche Gedanken halten mich von der Vorbereitung auf Weihnachten ab?

Was hindert mich, den Advent beginnen zu lassen?

Was ist für mich noch wie Ballast, den ich ablegen will?

Nach ca. fünf Minuten der Stille werden Steine und Eddingstifte ausgeteilt. Die Schüler/innen werden eingeladen, das, was ihnen in den Sinn kam, mit einem Begriff oder einem Zeichen zu beschreiben. Sie tun dies, indem sie es auf einen Kieselstein schreiben und diesen »Ballast« auf dem ersten Teil des Adventsweges ablegen. Wer möchte, kann zu seinem Stein etwas sagen. Wer seine Gedanken lieber für sich behält, legt den Stein mit oder ohne Beschriftung dazu.

Mit den Steinen habt ihr symbolisch abgelegt, was euch hindert, den Weg in den Advent zu gehen. Ich wünsche euch, dass ihr aufbrechen und diesen Weg nun etwas bewusster gehen könnt – mit dem Wissen, dass Gott euch zur Seite steht und euch in der Vorbereitungszeit nahe sein will, so wie es der Psalmist sagt: »Befiehl dem Herrn deinen Weg und vertrau ihm; er wird es fügen« (Ps 37,5).

Lied

EH 251,1 »Menschen auf dem Weg«

Der Refrain wird von allen gesungen, Strophe 1 wird vorgelesen.

Zweite Adventswoche: Sich auf dem Weg Zeit nehmen

Vorbereitung

Zifferblatt in der Anzahl der Teilnehmenden kopieren.

Lied

EH 62 »Geh mit uns«

Begrüssung und Anknüpfung an die letzte Woche

Impuls

Der »normale« Tagesablauf einer Schülerin in eurem Alter:

6 Uhr: aufstehen, duschen, kurzes Frühstück, Busfahrt zur Schule

7.30 bis 12.30 Uhr: Unterricht

12.30 bis 13.45 Uhr: Mittagspause

13.45 bis 16.30 Uhr: Mittagsschule und Sport-AG

17.15 Uhr: Heimfahrt, Abendessen

18 Uhr: Hausaufgaben, lernen auf Klassenarbeit

20.30 Uhr: telefonieren und Gitarre üben

22 Uhr: zu Bett gehen, ein wenig lesen, schlafen

Die Schüler/innen tauschen sich darüber aus, wie ihr Tagesablauf aussieht. Danach wird die zweite Strophe des Liedes EH 121 »Meine Zeit steht in deinen Händen« vorgelesen.

Überlegt einmal, wann es für euch möglich ist, euch im Advent aus »Hast und Eile, Zeitnot und Betrieb« auszuklinken. Wann habt ihr wenigstens fünf Minuten am Tag Zeit für eigene und für adventliche Gedanken?

Die Schüler/innen erhalten ein kopiertes Zifferblatt einer Uhr, auf dem sie ihre mögliche »Frei-Zeit« markieren können. Das Zifferblatt kann als Gedankenstütze mitgenommen oder auf den Adventsweg gelegt werden. Falls alle Schüler/innen ihr Blatt mitnehmen möchten, kann ein leeres Blatt stellvertretend auf dem Tuch platziert werden.

Von Gott haben wir unsere Lebenszeit erhalten, deshalb können wir auch darauf vertrauen, dass er uns hilft, diese Zeit sinnvoll zu gestalten, denn: »Meine Zeit steht in deinen Händen« (Ps 31,16a).

Lied

EH 251,1–2 »Menschen auf dem Weg«

Der Refrain wird von allen gesungen, Strophen 1 und 2 werden vorgelesen.

Dritte Adventswoche: Unterwegs Licht für andere sein

Lied

EH 62 »Geh mit uns«

Begrüssung und Anknüpfung an die letzte Woche

Impuls

Für viele Menschen ist gerade der Advent eine bedrückende Zeit. Krankheit, Einsamkeit, Trennung oder Arbeitslosigkeit werden in der »dunklen« Zeit vor Weihnachten als besonders belastend erlebt. Wie gut tut diesen Menschen ein adventliches Zeichen, das besagt: Gott wird kommen, er weiß, wie es dir geht. Er ist bei dir in der Dunkelheit, er will sie erhellen! Wer in eurer Familie oder in eurem Freundeskreis bräuchte momentan ein tröstendes Licht?

Nach einer Zeit der Stille erhalten die Schüler/innen ein brennendes Teelicht. Wer möchte, kann vor dem Abstellen des Teelichts auf dem dritten Abschnitt des Adventsweges der Klasse mitteilen, an wen er bzw. sie gedacht hat und warum. Die Schüler/innen einladen, in der beginnenden Woche dieser Person ein Teelicht zu schenken.

Im Alten Testament beim Propheten Jesaja steht geschrieben: »Über denen, die im Land der Finsternis wohnen, strahlt ein Licht auf« (Jes 9,1). Diese Verheißung gilt für jeden von euch, sie gilt auch für die Person, an die ihr heute gedacht habt, und sie gilt für alle Menschen.

Lied

EH 251,1–3 »Menschen auf dem Weg«

Der Refrain wird von allen gesungen, Strophen 1 bis 3 werden vorgelesen.

Vierte Adventswoche:
Dem Ziel so nah! – Was schenke ich?

LIED

EH 62 »Geh mit uns«

BEGRÜSSUNG UND ANKNÜPFUNG AN DIE LETZTE WOCHE

IMPULS

»Was, du hast noch nicht alle Geschenke? Dann wird es aber höchste Zeit!« – Diese Sätze habe ich gestern erst wieder gehört. Für viele Menschen um mich herum ist der Advent deshalb so anstrengend, weil sie auf der Jagd nach Geschenken und besonders gelungenen Überraschungen sind. Wir schenken uns etwas, weil wir uns über Jesu Geburt freuen – das ist der eigentliche Grund der Geschenke.
Die heiligen drei Könige haben sich – wie wir – auf den Weg gemacht und überlegten dabei, was sie dem neugeborenen Kind schenken könnten. Deshalb frage ich euch heute, kurz vor dem Geburtstag von Jesus: Was könnt ihr ihm von euch schenken?
Die Schüler/innen erhalten Zeit, sich zu überlegen, was ihr Geschenk, ihre Gabe für Gott sein könnte.
Jede/r erhält ein farbiges Papier und einen Stift zum Aufschreiben der speziellen Gabe bzw. des individuellen Geschenkes. Mit einem Geschenkband wird das Blatt dann zur Rolle gebunden und auf den letzten Tuchabschnitt gelegt.

ABSCHLUSS

In der vergangenen Wochen im Advent haben wir uns gemeinsam auf den Weg gemacht:

- Wir haben versucht, in »Stimmung« zu kommen, und überlegt, welchen Ballast wir ablegen müssen, um die Adventszeit beginnen zu können.
- Auf jedem Weg, den man geht, ist es wichtig, immer wieder innezuhalten und sich Zeit zu nehmen, zu überlegen, was man selbst will und was man erwartet.
- Menschen sind uns begegnet, um die wir uns kümmern sollten, denen wir Aufmerksamkeit und Trost schenken können.
- Letztendlich sind wir zeitlebens unterwegs zu Gott, er ist unser Ziel. Im Advent wird uns das besonders deutlich. Gott will, dass wir auf der Welt

sind und mit all unseren Fähigkeiten und Besonderheiten diesen Lebensweg gestalten.

Lied

EH 251,1–4 »Menschen auf dem Weg«

Der Refrain wird von allen gesungen, Strophen 1 bis 4 werden vorgelesen.

UTE RECKNAGEL-SALLER

Zeit haben – Zeit gestalten

Wie verbringe ich meine Zeit?

Zielgruppe

Schüler/innen der Sekundarstufe II

Vorüberlegungen

Die Zeit ist ein kostbares Gut. Schüler/innen sind oft mit einem straffen Zeitplan konfrontiert. Ein voller Stundenplan, Training im Sportverein, Musikunterricht sowie Familie und Freunde lassen wenig Zeit für sich selbst. Dieser Impuls soll die Möglichkeit geben, sich des eigenen Umgangs mit der Zeit bewusst zu werden und »kostbare Zeiten« für sich zu entdecken.

Der Impuls dauert ca. 30 Minuten und kann in einem Klassenzimmer stattfinden.

Material

- Arbeitsblätter mit einer skizzierten Uhr
- CD-Player und meditative Musik
- Zettel mit vorbereitetem Text

Einleitung

Die Zeit ist ein kostbares Gut. Unsere Zeit ist ausgefüllt mit Terminen und die Woche ist meist gut durchgeplant: Schule, Training, Proben, dazu kommen Treffen mit der Familie oder wir gehen am Wochenende mit Freunden ins Kino, in die Kneipe oder in die Disco.

Manchmal rast die Zeit nur so dahin und man kommt kaum hinterher. Wo bleibt Zeit für mich, Zeit zum Nichtstun, Zeit, ganz bei mir zu sein?

Gespür für die Zeit entwickeln

Manchmal rast die Zeit, manchmal schleicht sie dahin. Minuten kommen uns wie Stunden vor, aber es gibt auch Situationen, in denen Stunden wie im Fluge vergehen.

Um ein Gespür für die Zeit zu bekommen, sollen die Schüler/innen bewusst erleben, wie lange eine Minute dauert. Sie setzen sich dazu bequem auf ihren

Stuhl und schließen die Augen. Der/die Lehrer/in sagt, wann eine Minute beginnt. Ab dann läuft die Zeit. Wenn die Schüler/innen denken, dass eine Minute vergangen ist, sollen sie ihre Hand heben. Der/die Lehrer/in sagt, wann die Minute tatsächlich zu Ende ist. In einer Gesprächsrunde kann ein Austausch darüber stattfinden, wie schwer oder leicht es war, die genaue Dauer einzuschätzen.

Schrifttext

Koh 3,1–8 (variierter Auszug)

Alles hat seine Stunde.
Für jedes Geschehen unter dem Himmel gibt es eine bestimmte Zeit:
Eine Zeit zum Gebären und eine Zeit zum Sterben.
Eine Zeit zum Pflanzen und eine Zeit zum Ernten.
Eine Zeit zum Zerstören und eine Zeit zum Bauen.
Eine Zeit zum Weinen und eine Zeit zum Lachen.
Eine Zeit für die Klage und eine Zeit für den Tanz.
Eine Zeit zum Steine werfen und eine Zeit zum Steine sammeln.
Eine Zeit zum Umarmen und eine Zeit, die Umarmung zu lösen.
Eine Zeit zum Suchen und eine Zeit zum Verlieren.
Eine Zeit zum Behalten und eine Zeit zum Wegwerfen.
Eine Zeit zum Zerreißen und eine Zeit zum Zusammennähen.
Eine Zeit zum Schweigen und eine Zeit zum Reden.
Eine Zeit zum Lieben und eine Zeit zum Hassen.
Eine Zeit für den Krieg und eine Zeit für den Frieden.

Einzelarbeit

Jede/r Schüler/in erhält ein Blatt mit einer skizzierten Uhr.
Die Schüler/innen einladen, in einer Einzelarbeit ihre Zeit ähnlich einem Diagramm nach den Bereichen Schule, Familie, Freizeit, Zeit für sich etc. auszufüllen. Dabei werden verschiedene Farben verwendet: Um zu kennzeichnen, in welchen Zeiten es ihnen gut geht und sie sich wohl fühlen, werden helle Farben verwendet. Dunkle Farben symbolisieren die Zeiten, in denen es den Schülerinnen und Schülern nicht gut geht oder sie sich unwohl fühlen.

Austausch

Wenn sich die Gruppe vertraut ist, kann ein Austausch über die Zeitaufteilung stattfinden, vorzugsweise zu zweit, maximal zu dritt.

Abschluss

Um die Schüler/innen zu bestärken, ihre »gute Zeiten« im Alltag bewusst zu erleben, bekommen sie kleine Zettel mit den Anfangsworten »Es tut mir gut, wenn ich mir Zeit nehme für ...«. Dieser Zettel wird von jedem/jeder individuell ergänzt und anschließend im Geldbeutel, Federmäppchen oder an einem ähnlichen Ort verstaut, um immer wieder daran erinnert zu werden.

SIMONE MÜLLER

Füreinander da sein in schwerer Zeit

Wenn ein/e Mitschüler/in schwer erkrankt ist

Zielgruppe

Schüler/innen der Sekundarstufen I und II

Vorüberlegungen

Die schwere Erkrankung eines Kindes oder einer Lehrkraft im schulischen Bereich ist etwas, das uns im Schulalltag immer wieder begegnet. Wenn diese Erfahrung bewusst wahrgenommen wird und die Schule behutsam damit umgeht, ist dies ein Segen für alle. Kinder, Jugendliche und Erwachsene sind dankbar, wenn über eine lebensbedrohliche Krankheit einer Mitschülerin/eines Mitschülers, einer Lehrerin/eines Lehrers gesprochen wird. Rituale können dabei helfen, unsere Gefühle und Wünsche angesichts der Erkrankung eines Menschen zum Ausdruck zu bringen.

Material

- Kerze und Streichhölzer
- Myrrhe, glühende Weihrauchkohle und geeignetes Gefäß

Eröffnung

N. N. wird für längere Zeit nicht an unserem Unterricht teilnehmen können, weil er/sie ernsthaft erkrankt ist. Er/sie ist jetzt im Krankenhaus und wird die nächsten Wochen nicht in die Schule kommen können. Ich möchte mit euch heute Morgen zusammen an N. N. denken und für ihn/sie beten.

Entzünden einer Kerze

Wir entzünden nun eine Kerze für N. N., zum Zeichen, dass wir an ihn/sie denken und wünschen, dass er/sie wieder gesund wird.

Gebet

Guter Gott,
du begleitest uns in den glücklichen und traurigen Stunden des Lebens.
Lass N. N. deine Liebe spüren und gib ihm/ihr die Kraft, die Krankheit durchzustehen. Beschütze und behüte ihn/sie und uns alle.

Auflegen von Myrrhe

Myrrhe ist ein uraltes Heilmittel und ein besonderer Duftstoff. Als Jesus geboren wurde, brachten ihm die Magier aus dem Osten dieses Räucherwerk als Geschenk mit. Sie hatten wohl damals schon eine Vorahnung, dass Jesus den Menschen helfen würde, wieder gesund zu werden; und dass er viel Leid auf sich nehmen und Myrrhe ihm dabei Linderung bringen würde. Wer möchte, kann nun selbst ein Körnchen Myrrhe auf die glühende Kohle legen. Dazu könnt ihr laut oder nur in Gedanken einen Wunsch für N.N. äußern. Wir sind voller Zuversicht, dass Gott unsere Wünsche und unser Beten hört.

Lied

EH 110 »Bewahre uns, Gott«

RAPHAEL SCHÄFER

Zusammenhalten
Impuls zur Stärkung der Klassengemeinschaft

Zielgruppe
Schüler/innen ab Klasse 3

Vorüberlegungen
Der Impuls soll die Klasse anregen, sich gedanklich, aber auch ganz praktisch mit dem Thema »Klassengemeinschaft« auseinanderzusetzen. Dabei steht bei den unterschiedlichen Teilen des Impulses sowohl die Klasse als Ganzes im Mittelpunkt als auch jede/r Einzelne. Wichtig ist ein kurzes (Auswertungs-)Gespräch nach der »Eisberg«-Übung.

Material
- eine Tageszeitung oder (besser) mehrere Pappkartonstücke unterschiedlicher Größe
- pro Schüler/in ein kleiner bunter Zettel

Einführung
Der Lehrer/die Lehrerin erläutert, dass er/sie mit der Klasse einen Impuls zum Thema »Klassengemeinschaft« machen möchte. Dieser besteht aus vier Teilen: einem Lied, einer erlebnispädagogischen Methode, einem persönlichen Segenswunsch und einem Text.

Lied
EH 140 »Einer hat uns angesteckt«

Übung »Eisberg«
Bei der Einführung der Methode weist der Lehrer/die Lehrerin darauf hin, dass die nun folgende Aufgabe nur lösbar ist, wenn die Schüler/innen zusammenarbeiten. Die Aufgabe ist, dass alle auf einem Eisberg Platz finden, der immer kleiner wird. Sie gilt nur als gelöst, wenn alle Schüler/innen auf dem Eisberg Platz gefunden haben.
In der Mitte des Zimmers wird mit Zeitungspapier oder Pappkartonstücken eine Fläche ausgelegt. Dies ist der Eisberg. Ähnlich wie bei der »Reise nach Je-

rusalem« laufen die Schüler/innen um den Eisberg herum, solange Musik ertönt. Stoppt die Musik, müssen alle auf dem Eisberg Platz finden. Dann nimmt der Lehrer/die Lehrerin ein Stück des Eisbergs weg: Der Berg schmilzt. Es gibt bei dieser Aufgabe keinen festgesetzten Endpunkt, da dies von der Größe der Klasse und ihrer Fähigkeit zur Zusammenarbeit abhängt. Der Lehrer/die Lehrerin entscheidet selbst, wann die Aufgabe beendet wird. Der Zeitpunkt ist richtig gewählt, wenn die Schüler/innen es gerade noch schaffen, auf dem Eisberg Platz zu finden.
Zu diesem Spiel sollten die Schüler/innen eventuell die Schuhe ausziehen. Es kann nötig sein, im Verlauf der Übung wiederholt auf das Ziel des Spiels hinzuweisen. Am Ende befragt der Lehrer/die Lehrerin die Schüler/innen, wie zufrieden sie mit dem Verlauf des Spiels und dem Ergebnis sind.
Mögliche Reflexionsfragen:

- Wie zufrieden bist du/seid ihr mit dem Ergebnis?
- Wie hat sich die Zusammenarbeit im Verlauf des Spiels verändert?

Hinweis: Noch einfacher ist diese Übung zu organisieren, wenn der Eisberg aus Stühlen gestellt wird, auf die die Schüler/innen stehen müssen. Nach jeder Runde wird ein Stuhl weggenommen und der Eisberg so verkleinert. Dazu müssen allerdings stabile Stühle vorhanden sein.

Gebet

Guter Gott,
du hast zu uns gesagt: »Liebe deinen Nächsten wie dich selbst.« Wir Menschen leben in Gemeinschaft, so wie in unserer Klasse. Manchmal verstehen wir uns gut, manchmal gibt es Streit. Es gibt Kinder, die mögen wir, und andere, die mögen wir nicht.
Lass uns nie vergessen, dass du die Menschen unterschiedlich gemacht hast, und lass uns daran arbeiten, dass wir eine gute Klassengemeinschaft bekommen, in der jeder jeden so nimmt, wie er ist. Dafür müssen wir alle etwas tun.

Persönlicher Segenswunsch

Der Lehrer/die Lehrerin weist darauf hin, wie wichtig es für die Klassengemeinschaft ist, dass jede und jeder nach den anderen schaut und dafür sorgt, dass es allen möglichst gut geht. Darum geben sich die Schüler/innen zum

Schluss gegenseitig einen persönlichen Segenswunsch mit auf den Weg. Aus einem Körbchen ziehen die Schüler/innen einen Zettel mit einem Namen aus der Klasse und schreiben auf die Rückseite, was er/sie dem/der anderen für die kommenden Tage wünscht, und faltet den Zettel dann so zusammen, dass nur der Namen des Mitschülers/der Mitschülerin zu lesen ist. Danach werden alle Zettel eingesammelt und wieder verteilt.

Lied

EH 60 »Herr, wir bitten: Komm und segne uns«

ACHIM WICKER

In jedem von uns stecken Talente

Begabungen entdecken und stärken

Zielgruppe

Schüler/innen der Sekundarstufen I und II

Vorüberlegungen

Jedem Menschen sind verschiedene Talente geschenkt. Indem Schüler/innen sich mit ihren Stärken und Fähigkeiten einbringen, tragen sie zu einer gelingenden Gemeinschaft bei.
Der Impuls dauert ca. 20 Minuten und ist mit einer Gruppe ab fünf Personen durchführbar.

Material

- Bibel
- CD-Player, meditative Musik
- 2 Blätter der Größe DIN A6 pro Teilnehmer/in
- Scheren, Stifte

Begrüßung

Lied

EH 139 »Jetzt ist die Zeit« oder
EH 85 »Selig seid ihr«

Schrifttext

Mt 25,14–30 Das Gleichnis vom anvertrauten Geld

Deutung

Ein Mann geht auf Reisen, aber er möchte, dass seine Geschäfte auch in seiner Abwesenheit weitergehen. Darum vertraut er seinen Dienern sein Vermögen, seine Talente an. Er traut ihnen einiges zu. Das anvertraute Vermögen richtet sich nach der Tüchtigkeit. Von keinem wird zuviel erwartet. Keiner muss mehr leisten, als er kann. Jeder bekommt ein begrenztes, überschaubares Maß.

Gott will uns mit dem Gleichnis sagen: Jeder und jede von uns ist begabt, hat Gaben und Talente. Es geht nicht um Leistung, sondern um Treue. Wer seine Talente nutzt, wird sie nicht aufbrauchen, sondern mehren.

Talentebörse

Jede und jeder von uns besitzt verschiedene Talente, Stärken und Fähigkeiten. Zu oft neigen wir jedoch dazu, unsere Talente zu verstecken und unsere Stärken und Fähigkeiten nicht zu nutzen. Mit folgender Übung wollen wir versuchen, uns unsere Talente bewusst zu machen.
Schreibt bitte in den nächsten drei Minuten zwei Dinge auf, die ihr besonders gut könnt. Schreibt jedes der beiden Talente viermal untereinander auf einen Zettel.
Im Hintergrund läuft Meditationsmusik.
Ihr seid nun eingeladen, an einer Talentbörse teilzunehmen. Diese besondere Börse gibt euch die Möglichkeit, eure Talente mit den Talenten der anderen zu tauschen. Dadurch könnt ihr von den Talenten der anderen profitieren und vielleicht erhaltet ihr ja so eine Fähigkeit, die ihr schon immer haben wolltet. Reißt zum Tauschen eure Talentzettel einfach in vier Teile.
Wenn die Talente getauscht wurden, kommen wir zurück in den Stuhlkreis. Jeder legt seine gesammelten Talente vor sich auf den Boden.
Die verschiedenen Talente werden vorgelesen.

Gebet

Wenn wir uns nun umschauen, stellen wir fest, dass hier in dieser Gruppe Menschen mit vielen verschiedenen Talenten sind. Es gilt, diese Talente zu entdecken und gut zu nutzen. Jede und jeder trägt mit seinen Talenten zum Gelingen unserer Gemeinschaft bei. Dafür wollen wir danken und beten:

Gott,
du hast jedem und jeder von uns Talente geschenkt und uns so zu einem wertvollen und besonderen Teil unserer Gemeinschaft gemacht. Dafür danken wir dir.
Wir bitten dich: Hilf uns dabei, dass wir unsere Talente, Stärken und Fähigkeiten erkennen.
Segne uns und unsere Gemeinschaft in allem Tun und Handeln, sodass aus unseren Talenten etwas Gutes entstehen kann.

Abschluss

Ihr dürft nun die gesammelten Talente mitnehmen und sie z. B. in euren Kalender legen. So können sie euch immer wieder dazu anregen, euch eurer Talente bewusst zu werden und sie einzusetzen.

Lied

EH 59,1–2.4.7 »Der Herr wird dich mit seiner Güte segnen«

SARAH ZIPP

Gottesdienste und liturgische Feiern

Was in uns steckt

Andacht

Zielgruppe

Schüler/innen der Sekundarstufen I und II, Lehrer/innen, Eltern

Vorüberlegungen

In jeder und jedem von uns steckt etwas Besonderes, das es zu entdecken gilt und das reiche Frucht bringen kann. Die Andacht möchte die Teilnehmenden anregen, darüber nachzudenken, was in ihnen schlummert und was sich daraus entwickeln kann. Der Glaube an sich selbst und die eigenen Möglichkeiten birgt in jedem von uns ein Wunder wie die »Speisung der Viertausend« (Mk 8,1–10).

Die Andacht dauert ca. 30 Minuten und ist für fünf bis 30 Teilnehmer/innen geeignet. Die Mitte des Stuhlkreises wird mit einem Tuch, der großen »Christus«-Kerze, der Bibel, dem Kreuz und den Nüssen gestaltet. Für die Fürbitten werden Teelichte und/oder Weihrauch vorbereitet.

Die Andacht bietet sich aufgrund des verwendeten Bildes mit den Nüssen vor allem für die Herbstzeit an.

Material

- Tuch, Kerze, Streichhölzer, Bibel, Kreuz, Nüsse
- Teelichte, Weihrauch, Kohle, Weihrauchgefäß
- CD-Player und meditative Musik

Lied

EH 146 »Manchmal feiern wir mitten im Tag«

Begrüßung

Meditation

Im Hintergrund läuft leise Meditationsmusik.

Nimm eine Nuss aus der Mitte und halte sie in der Hand. Betrachte diese Nuss von allen Seiten … befühle sie … rieche an ihr … versuche, sie zu hören … wiege sie in deiner Hand.

Deine Nuss trägt eine stabile Schale, damit der Samenkern im Innern den Winter überdauern kann.

Weder Frost noch Nässe können dem Keimling etwas anhaben.

Eine dicke Schale versperrt den Weg nach draußen, verhindert den frühzeitigen, tödlichen Aufbruch.

Der Kern im Innern trägt alle Voraussetzungen, um einmal ein großer und mächtiger Baum zu werden.

Wenn es an der Zeit ist, entwickelt dieser unscheinbare Kern eine Sprengkraft von ungeahnter Größe. Der Spross findet den Spalt und treibt zielstrebig nach Licht und Nahrung.

Schrifttext

Mk 8,1–10 Die Speisung der Viertausend

Der Text wird zweimal, mit einer kurzen Pause dazwischen, vorgelesen.

Drei bis fünf Minuten Stille – im Hintergrund läuft leise Meditationsmusik.

Impulsfragen

- Welche Kerne stecken in mir?
- Welche harte Schale versperrt mir vielleicht den Weg nach draußen?
- Was brächte meine Kerne zum Wachsen und Gedeihen?

Lied

EH 162 »Wo Menschen sich vergessen«

Fürbitten

In jeder und jedem von uns stecken Kerne, denen manchmal der Weg nach draußen erschwert oder versperrt ist. Ich lade euch ein, eure Bitten zu formulieren und vor Gott zu bringen – ausgesprochen oder als stille Fürbitte, verbunden mit dem Anzünden einer Kerze oder dem Einlegen von Weihrauch:

Nach den einzelnen Bitten kurze Stille oder ein bekannter Liedruf.

Guter Gott, gib unseren Kernen, die uns stecken, die Kraft, die manchmal harte Schale zu durchbrechen, um reiche Frucht bringen zu können. Darum bitten wir dich durch Christus, unseren Bruder und Herrn.

Vaterunser

Segen

Aufbrechen zum neuen Leben!
Zum Leben und nicht zur Zerstörung!
Aufbrechen, wenn es Zeit ist,
aus Finsternis und Trägheit,
von der Kälte zum Strahl der Sonne!

Aufbrechen zum ersten Schritt,
dem Erfolg eine Chance geben,
dem Keimling Licht und Nahrung bringen!

Dazu segne uns Gott, der Vater, der Sohn und der Heilige Geist.

Lied

EH 110 »Bewahre uns Gott«

HELMUT DEMMELHUBER

Fußspuren auf unserem Weg

Schulentlassgottesdienst

Zielgruppe

Schüler/innen, die aus der Schule entlassen werden, ihre Eltern und Geschwister, Lehrer/innen

Vorbemerkung

Es ist wichtig, dass die Schüler/innen mit ihren eigenen Ideen und Erfahrungen den Gottesdienst mitgestalten. Deshalb lässt sich der hier formulierte Rückblick auf die Schulzeit nicht einfach übernehmen, sondern kann nur als Modell dienen.
Der Abschlussgottesdienst kann den Auftakt für die Abschlussfeier mit Zeugnisvergabe bilden.

Vorbereitung und Material

- Fußspuren ausschneiden und auf den Boden der Kirche legen
- Plakatwand vorbereiten: Weg aufzeichnen, daran entlang Fotos aus der Schulzeit aufkleben
- Fußspuren mit Wünschen für die Schüler/innen

Lied

EH 281 »Wir haben Gottes Spuren festgestellt«

Begrüßung und Eröffnung

Ihr, liebe Schülerinnen und Schüler, seid erleichtert, dass die Anstrengungen der Prüfung vorbei sind. Sie, liebe Eltern, sind froh, dass Ihre Kinder es geschafft haben. An einer wichtigen Lebensstation unserer Schülerinnen und Schüler drücken wir mit diesem Gottesdienst aus, dass wir Gott mit unserem Lebensweg in Verbindung bringen.
Wir haben hier in der Kirche Fußspuren auf dem Boden verteilt. Vielleicht seid ihr oder sind Sie beim Hereingehen auf eine Spur getreten oder einer Spur entlanggegangen. Die Jahre an der Schule haben Spuren hinterlassen. Mit Hilfe dieser Fußspuren wollen wir Rückblick auf den Weg durch die Schulzeit halten.

Rückblick auf die Schulzeit

Einige Schüler/innen haben Texte vorbereitet, in denen sie die Schulzeit Revue passieren lassen. Auf Fußspuren wurden passende Stichworte notiert, die nun vorgelesen werden. Diese Fußspuren werden auf einer großen Plakatwand befestigt. Darauf sind einige großformatige Fotos mit Erlebnissen aus der vergangenen Schulzeit geklebt. Dazwischen ist ein Weg gezeichnet, der die Fußspuren verbindet.

Im Rückblick auf unsere Schulzeit sind uns positive und negative Eindrücke in Erinnerung.

- Manchmal gab es *Konflikte* oder Meinungsverschiedenheiten in der Klasse oder wir erlebten Auseinandersetzungen untereinander. Manchmal hatten wir den Eindruck, dass in Diskussionen mit Lehrern unsere Meinung nicht so akzeptiert wurde, wie wir es uns vorgestellt hatten, oder dass *Entscheidungen* über unsere Köpfe hinweg getroffen wurden.
- In anstrengenden Zeiten des Lernens, wie in den vergangenen Wochen vor der Abschlussprüfung, hat uns der *Stress* hart getroffen und wir fühlten uns während der Prüfungstage stark unter *Druck*.
- Selbst wenn es mal schlecht lief, haben uns die Lehrerinnen und Lehrer *nie aufgegeben*: Sie haben sich darum bemüht, uns etwas beizubringen und uns fair und gerecht zu benoten.
- Wir haben auch viele Lichtblicke erlebt. Wir haben *Freunde und Freundinnen* getroffen und Zeit für gemeinsame *Unternehmungen* gehabt.
- Bei Klassenfahrten, Skikursen, Tagen der Orientierung und manchen Projekten konnten wir *Freiräume* entdecken, durften Neues ausprobieren und konnten andere Fähigkeiten als im schulischen Alltag entfalten.
- Jetzt sind wir froh, dass wir die Prüfungen geschafft haben. Ein neuer Lebensabschnitt liegt vor uns. Manche werden an einem anderen Ort weiter die Schulbank drücken. Für die meisten beginnt der Start ins Berufsleben. Das ist verbunden mit neuen Erfahrungen, neuen Möglichkeiten, aber auch Pflichten. Wir sind gespannt, wie wir damit zurechtkommen und wie unser Weg weitergeht.

Gebet

Lebendiger Gott. Wir feiern heute mit den Abschlussklassen das Ende ihrer Zeit an der Schule. Damit fällt vieles ab, was Schülerinnen und Schüler, Eltern und Lehrende belastet oder bedrängt hat.

Wir danken dir für all das Schöne, was wir gemeinsam erlebt haben.
Stehe uns weiterhin bei, damit die nächsten Schritte gut gelingen.
Darum bitten wir durch Jesus Christus, unseren Bruder und Herrn.

Schrifttext

Lk 24,13–21a Emmausgeschichte

Ansprache

Die Fußspuren, die hier vorne hängen und mit Schlagworten versehen sind, markieren ganz unterschiedliche Erlebnisse und Schritte eurer Schulzeit. Es waren manchmal müde Schritte, wenn z. B. eine schwierige Klassenarbeit bevorstand. Wenn etwas gut gelungen war oder die Atmosphäre in der Klasse stimmte, habt ihr euch mit leichten Schritten bewegt. Es gab auch zögernde Schritte, wenn z. B. eine komplizierte Entscheidung getroffen werden musste oder Unsicherheit aufkam, wie es weitergehen soll.
Ich weiß nicht, ob ihr dabei ab und zu das Gefühl hattet, dass Gott mit im Spiel war. Gott ist ja nicht so einfach und eindeutig zu entdecken – weder in der Schule noch sonst im Leben.
Auch im Evangelium von den Emmausjüngern wird uns davon berichtet. Die beiden Jünger sind zu Fuß von Jerusalem zu ihrem Heimatort aufgebrochen. Ihre Schritte sind lahm geworden. Jesus ist tot. Sie wissen nicht, wie es weitergeht. Da kommt Jesus dazu und begleitet sie. Aber die beiden erkennen ihn zunächst nicht. Sie sind wie mit Blindheit geschlagen, heißt es. Erst im Rückblick merken sie: Es war Jesus, der uns begleitet und uns neuen Schwung für den weiteren Weg gegeben hat.
Vielleicht könnt ihr anhand der Fußspuren hier vorne einmal überlegen: Wo könnte Gott beteiligt gewesen sein? Möglicherweise entdeckt ihr bei einem dieser Stichworte auf der Plakatwand eine Spur: Da könnte Gott im Spiel gewesen sein.
Kurze Stille
Gott will uns nahe sein. Aber er ist uns auch rätselhaft und fern. Trotzdem kann ich mir vorstellen, dass er auf schwer greifbare Weise jede und jeden von euch unterstützt hat, bei eurer Arbeit und in Stresssituationen nicht aufzugeben. Er könnte euch unsichtbar darin bestärkt haben, bei Konflikten wieder aufeinander zuzugehen und das Gespräch neu zu beginnen. Ich denke, er hat sich mitgefreut zu erleben, wie ihr eure Schulzeit gemeistert

und euch zu Persönlichkeiten entwickelt habt. Jetzt steht ihr vor einem neuen Wegabschnitt eures Lebens. Der Philosoph Sören Kierkegaard sagte einmal: »Verstehen kann man das Leben nur rückwärts. Leben muss man es vorwärts.« Ihr geht neue Schritte – in einen Beruf oder an einer weiterführenden Schule. Es ist immer mehr euer eigener Weg. Die Möglichkeiten, euch zu unterstützen, werden für eure Eltern geringer. Im Hintergrund werden sie dennoch da sein, wenn ihr sie braucht.

Ich wünsche euch für euren neuen Wegabschnitt, dass ihr euren ureigenen Weg finden könnt: einen Beruf, der euch erfüllt – Freundinnen und Freunde, die euch beistehen – Kraft, die anstehenden Probleme und Aufgaben zu bewältigen. Und bei allem wünsche ich euch, dass ihr, vielleicht auch erst im Nachhinein, entdecken könnt, wie ihr von Gott unterstützt und getragen werdet.

Fürbitten

Bringen wir, was uns bewegt, vor Gott, der mit uns auf dem Weg ist.

- Für uns alle, die wir nun die Schule verlassen und uns auf einen neuen Weg begeben. Schenke uns Mut, Hoffnung und Zuversicht bei allem, was wir neu beginnen, und hilf uns, die guten Kontakte und die Gemeinschaft, die wir hier erfahren haben, zu bewahren.
  Antwortruf: EH 62 »Geh mit uns«
- Sei allen nahe, die in Kürze in das Berufsleben einsteigen. Hilf ihnen, die richtigen Entscheidungen zu treffen und bewahre sie vor dem Verlust des Arbeitsplatzes.
- Für alle, die die Orientierung im Leben verloren haben und keinen Weg mehr erkennen: dass sie auf verständnisvolle Menschen treffen, die ihnen helfen, und dass sie erfahren, dass du sie nicht im Stich lässt.
- Für unsere Lehrerinnen und Lehrer, die jahrelang unsere guten Seiten gefördert, unsere schlechten Seiten ertragen und uns viel beigebracht haben: dass sie nicht den Mut und die Geduld verlieren.
- Wir denken auch an die, die unseren bisherigen Lebensweg in besonderer Weise begleitet haben: Eltern, Großeltern, Geschwister und Freunde. Lass in uns das Gute, das wir von ihnen allen erfahren haben, positiv weiterwirken, damit wir selbst Gutes an andere weitergeben können.

Guter, treuer Gott, wir haben vorgetragen, was uns am Herzen liegt. Vieles bleibt aber auch unausgesprochen. Sei du weiter unser Wegbegleiter und lass uns deine liebende Nähe erfahren. So bitten wir durch Jesus Christus, unseren Bruder und Herrn.

Vaterunser

Segen

Jede/r Schüler/in erhält eine Fußspur mit einem Wunsch für den weiteren Weg.

Lied

EH 237 »Mögen sich die Wege«

ULRICH GEIẞLER

»Ich bin bei dir«

Anfangsgottesdienst mit den 5. Klassen

Zielgruppe

Schüler/innen der Jahrgangsstufe 5, evtl. Eltern und Lehrer/innen

Vorüberlegungen

Mit dem Wechsel in die fünfte Jahrgangsstufe beginnt für Schüler/innen ein neuer Lebensabschnitt. Die Grundschulzeit ist abgeschlossen und der damit verbundene Schulwechsel bedeutet viel Neues.

Gerade bei Schüler/innen, die nicht auf ein Gymnasium oder eine Realschule wechseln, stellt sich oft das Gefühl ein, »es nicht geschafft zu haben«. Nicht selten bleiben sie an derselben Schule wie in der Grundschulzeit, für sie werden Wechsel und Neubeginn nicht wirklich sicht- und spürbar. Dieser Gottesdienst möchte den Übergang bewusst machen.

Mit der Begrüßung jedes einzelnen Kindes soll seine Wichtigkeit und die Bedeutung des Übertritts in die 5. Klasse betont werden. Bei der Auswahl der Lieder sollte man darauf achten, dass man einige Lieder wählt, die aus der Grundschulzeit schon bekannt sind. Die Schülerbeteiligung beim Lesen und der Gestaltung ist aufgrund der Tatsache, dass die Schüler/innen neu sind, evtl. nur begrenzt möglich.

Materialien

- braune Tücher, Kerze, Streichhölzer
- Kreuz, Bibel
- CD-Player und meditative Musik
- Müsliriegel
- Fußspuren aus Ton (hergestellt aus selbsttrocknendem Ton mit einem Ausstecher in Fußform, erhältlich im Haushaltswarengeschäft)
- Fußspuren aus braunem und aus gelbem Papier (die gelben sind etwas größer als die braunen), die auf dem Boden in der Kirche aufgeklebt werden

Lied

EH 281 »Wir haben Gottes Spuren festgestellt«

Liturgische Eröffnung

Einführung

Beim Hineingehen in die Kirche (in die Aula/ins Klassenzimmer ...) sind euch vielleicht die Fußspuren aufgefallen, die am Boden kleben.
Spuren, wie wir sie als Abdrücke kennen, wenn wir auf matschigem Boden oder durch Sand laufen. Wenn wir unterwegs sind, hinterlassen wir Spuren auf unserem Weg, auch wenn sie nicht immer sichtbar sind. Könnten wir einmal unseren bisherigen Lebensweg in Spuren legen, so begänne der Weg mit ganz kleinen Fußspuren aus der Kinderzeit. Je älter wir werden, desto größer werden die Fußspuren. Manchmal sind die Abstände zwischen den einzelnen Schritten kürzer, manchmal länger. Manchmal ging scheinbar kein Weg weiter und wir traten auf der Stelle und manchmal waren es richtige Sprünge, die wir gemacht haben.
Wenn ihr als neue Fünftklässler nun in dieses Schuljahr geht, habt ihr schon ein ganzes Wegstück hinter euch. Ihr habt die Grundschule abgeschlossen und seid nun in einer neuen Klasse zusammen. Vielleicht kennt ihr schon das eine oder andere Gesicht, eine Lehrerin oder einen Lehrer. Aber vieles ist auch neu. Neue Menschen und Namen, neue Räume und Orte, ein neuer Schulweg und neue Fächer.
Sicherlich seid ihr gespannt, was auf euch zukommt. Vielleicht habt ihr auch etwas Sorge oder Angst vor dem Neuen.
Wie werden die Lehrerinnen und Lehrer sein? Komme ich mit den anderen gut aus? Werde ich Freundinnen und Freunde finden? Schaffe ich es mit all den neuen Fächern?

Kyrie-Rufe

Alle diese Gedanken bringen wir nun vor Gott und rufen ihn mit dem Kyrie in unsere Mitte.

Herr, wir sind zu dir gekommen und wollen das neue Schuljahr beginnen.
Herr, erbarme dich.

Christus, wir sind gespannt und auch etwas unsicher, was auf uns zukommen wird.
Christus, erbarme dich.

Herr, wir haben viele Erwartungen und Vorsätze für das neue Schuljahr.
Herr, erbarme dich.

Herr, guter Gott, du bist in unserer Mitte, heute und alle Tage unseres Leben. Dir sei Lob und Preis und Ehre, jetzt und in Ewigkeit.

Geschichte

»Spuren im Sand« von Margaret Fishback Powers

Die bekannte Geschichte ist in zahlreichen Veröffentlichungen oder im Internet zu finden.

Gedanken zur Geschichte

Der Mensch in unserer Geschichte hatte einen Traum, in dem er sein Leben noch einmal im Rückblick anschauen konnte. Viele schöne und schwere Ereignisse sieht er und entdeckt Spuren im Sand als Zeichen für seinen Lebensweg. Er entdeckt seine Spuren (*braune Fußspur zeigen*), so wie wir sie hier auf dem Tuch haben. Aber nicht nur seine eigenen, sondern auch zwei andere Spuren, die Spuren Gottes (*gelbe Fußspur zeigen*).
Und als er auf diesen Weg zurückschaut, macht er eine Entdeckung:
In manchen Zeiten seines Lebens sind es vier Spuren, seine eigenen und die Spuren Gottes, in anderen jedoch nur zwei. Er sucht nach einer Erklärung und stellt fest, dass dies immer in den Zeiten so war, als es ihm schlecht ging. Genau in diesen Zeiten, so denkt er, als alles schiefging, als ich Hilfe brauchte, da war ich alleine.
Vielleicht kennst du das Gefühl auch? Das Gefühl alleine zu sein, niemanden zu haben, der dich versteht, der dir hilft oder sagt: »Du schaffst das!«
Und der Mensch in der Geschichte fragt Gott: »Wo warst du in diesen Zeiten? Warum hast du mich gerade da alleine gelassen?«
Gott gibt ihm eine verblüffende Antwort. Er sagt: »Nie ließ ich dich allein in diesen schweren Zeiten. Wo du nur eine Spur ihm Sand siehst, da habe ich dich getragen.« (*unter die braunen Spuren an manchen Stellen gelbe Spuren legen*)
Die Geschichte erzählt uns, dass Gott alle Wege mit uns geht. Er sagt zu jedem von uns:
Ich bin bei dir, wenn du traurig bist.

Ich bin bei dir, wenn du Angst hast.
Ich bin bei dir, wenn du dich alleine fühlst.
Ich bin bei dir, wenn du das Gefühl hast, dass dich keiner mag.
Ich bin bei dir, wenn dir die Kraft ausgeht.
Ich bin bei dir, wenn du etwas Neues beginnst.
Ich bin bei dir zu allen Zeiten deines Lebens.

Schrifttext

Auch die Bibel erzählt davon, dass Gott den Menschen zusagt, bei ihnen zu sein. Er zeigt sich Mose im Feuer des brennenden Dornbuschs und gibt ihm den Auftrag, das Volk Israel aus der ägyptischen Gefangenschaft zu führen. Mose fragt daraufhin nach dem Namen Gottes. Hören wir gemeinsam:
Ex 3,13–15 vorlesen.
Gott offenbart sich als der »Ich-bin-da«. Dieser Name macht deutlich, dass Gott bei seinem Volk ist, bei den Menschen: Ich bin immer bei dir, zu allen Zeiten deines Lebens.

Lied

EH 115 »Ich bin der Ich-bin-da«

Fürbitten

Mit allem, was uns am Herzen liegt, dürfen wir zu Gott kommen und ihn bitten:

- Für unsere neue Klassengemeinschaft: dass wir freundlich und respektvoll miteinander umgehen und uns gegenseitig unterstützen, wo immer es nötig ist.
- Für unsere Lehrer, Lehrerinnen und Eltern: dass sie Geduld und Verständnis für uns haben und uns begleitend zur Seite stehen.
- Für alle, die nicht die Möglichkeit haben, in die Schule zu gehen, weil sie von Armut, Naturkatastrophen und Krieg bedroht sind.

Gott, du hörst und erhörst unsere Bitten durch Christus, unseren Herrn.

Vaterunser

Begrüßung der neuen Fünftklässler

Um den Neubeginn (evtl. für die ganze Schulgemeinschaft) deutlich zu machen, werden alle Schüler/innen der 5. Klasse/n namentlich aufgerufen und z.B. vom Schulleiter/von der Schulleiterin mit Handschlag begrüßt. Sie erhalten eine kleine Fußspur aus Ton und als kleinen »Anschub« einen Müsliriegel. Wenn es passend und stimmig erscheint, können die Schüler/innen einzeln gesegnet werden. Auch die Klassenlehrer/innen erhalten eine Fußspur und einen Müsliriegel als symbolische »Kraftquelle« für ihre Aufgabe mit der neuen Klasse.

Segen

Gott,
du hast dich dem Mose als der »Ich-bin-da« gezeigt und uns zugesagt, dass du alle Wege mit uns gehst.
Segne uns auf diesem Weg durch das Schuljahr, schenke uns Geduld und Offenheit füreinander und bleibe bei uns im Namen des Vaters, des Sohnes und des Heiligen Geistes.

Lied

EH 110 »Bewahre uns, Gott«

KRISTINA ROTH

Stolpersteine und Lichtpunkte

Abschlussandacht mit Viertklässlern

Zielgruppe

Schüler/innen der 4. Klasse, Lehrer/innen, Eltern

Vorüberlegung

Es ist üblich, dass am Ende von Klasse 4 der Abschluss der Grundschulzeit mit einem Grillfest oder einer großen Party gefeiert wird. Eine Andacht macht eine andere Form des Schulabschlusses möglich: innehalten, besinnen, zurückschauen, Ausblicke wagen, danken, Orientierung geben, Hoffnungen ausdrücken, Wünsche formulieren sind Elemente, die in Text, Lied und Gebet Ausdruck finden können und einer Abschlussfeier eine andere Qualität verleihen.

Die Andacht dauert ca. 40 Minuten. Die Mitte des Stuhlkreises wird mit einem langen Tuch (Symbol für den Weg), dessen Anfang und Ende jeweils Verzweigungen aus verschiedenfarbigen Tüchern bilden, gelegt. Auf dem Tuch befinden sich ein Korb mit Teelichtern und ein Korb mit Steinen. Am Ende des Wegs steht oder liegt das Kreuz.

Die Kinder werden eingeladen, aus den zurückliegenden Jahren einen Gegenstand mitzubringen, der sie an ein schönes Erlebnis der Schulzeit erinnert, und einen Gegenstand, der sie an ein belastendes Erlebnis erinnert, sowie einen Zettel, auf den sie ihren größten Wunsch für das kommende Schuljahr in der neuen Schule geschrieben haben.

Material

- langes Stück Stoff oder Tuch, sechs Tücher in verschiedenen Farben
- Kerzen, Streichhölzer
- Kreuz
- Steine

Begrüßung

Lied

Es eignet sich ein Lied, das für die Klasse im Lauf des Schuljahres oder der Schuljahre Bedeutung gewonnen hat.

Rückschau halten 1: Stolpersteine

In einer ersten Gesprächsrunde legt jedes Kind den Gegenstand, der an eine belastende Situation erinnert, zusammen mit einem Stein, dem Stolperstein, auf den Weg in die Kreismitte und sagt kurz etwas dazu. Die Beiträge der Kinder werden nicht bewertet oder kommentiert und es gilt das Prinzip der Freiwilligkeit.

Zum Abschluss der Erzählrunde singen alle zusammen das Lied EH 121 »Meine Zeit steht in deinen Händen«.

Rückschau halten 2: Lichtpunkte

Wie bei den Stolpersteinen berichten die Kinder nun reihum von ihren »Lichtpunkten« und erzählen etwas zum mitgebrachten Gegenstand, der für das Schöne während der Grundschulzeit steht.

Das Lied EH 16 »Ich lobe meinen Gott« drückt den Dank für die schönen Erlebnisse und wichtigen Erfahrungen der Grundschulzeit aus.

Innehalten

Das gemeinsame Beten des Vaterunsers, bei dem sich die Kinder als Zeichen der Gemeinschaft an den Händen halten, bildet ein festes liturgisches Element und verstärkt den Charakter der Andacht.

Bitten und Wünsche

Jedes Kind liest nun seinen größten Wunsch oder die größte Bitte für das kommende Schuljahr, den es sich in der Vorbereitung auf die Andacht auf einen Zettel geschrieben hat, vor und bringt ihn zum Kreuz. Nach einigen Bitten empfiehlt sich jeweils als kurze Unterbrechung die erste Strophe des Liedes EH 162 »Wo Menschen sich vergessen« oder ein Kehrvers aus einem anderen Lied, das die Klasse gut kennt und das Symbol »Weg« zum Inhalt hat.

Segen

Möge Gott dich begleiten auf dem Weg, den du vor dir hast.

Mögen Lichtpunkte dich auf den Pfad des Glücks führen und Stolpersteine dich nicht davon abbringen. Möge Gott dich auf deiner Lebensreise begleiten und behüten.

Diesen Segenswunsch können die Kinder als Karte zur Erinnerung mit nach Hause nehmen.

Abschluss

EH 61 »Komm, Herr, segne uns«

JOCHEN OLD

Du kannst ein Lichtblick sein

Drei Andachten in der Adventszeit

Zielgruppe

Schüler/innen der Sekundarstufen I und II, Lehrer/innen

Vorüberlegungen

Jeder Mensch kann liebevolle Nähe schenken und dadurch zu einem »Lichtblick« für andere werden. »Du kannst ein Lichtblick sein« – dazu wollen diese drei Andachten ermuntern und gleichzeitig Möglichkeiten aufzeigen, wie wir im Alltag unseren Mitmenschen einfache Zeichen der Zuwendung schenken können.

Die Andachten bieten sich als Reihe an. Es kann aber auch nur eine einzelne Andacht durchgeführt werden. Sie dauern jeweils ca. 15 Minuten und sind für eine Gruppengröße von acht bis 50 Teilnehmer/innen geeignet.

Es wird ein Stuhlkreis mit einer gestalteten Mitte vorbereitet. Während des Ankommens läuft im Hintergrund meditative Musik.

Den Schulalltag mit solchen kleinen »geistlichen Tankstellen« zu beginnen oder ihn zu unterbrechen, kann Schüler und Schülerinnen dazu anregen, ihre Beziehung zu sich selbst, zu anderen und zu Gott zu überdenken und neu zu entdecken. Sie sind eine Chance, jungen Menschen den Zugang zu unterschiedlichen spirituellen Formen zu eröffnen.

1. Andacht: »Du kannst ein Lichtblick sein« – Eine Wegmeditation

MATERIAL

- ein langes Springseil (oder fünf kurze), das in der Kreismitte zu einer Spirale gelegt wird
- Teelichtgläser (Gläser mit Vogelsand füllen und je ein Teelicht daraufsetzen) entsprechend der Zahl der Teilnehmenden, Streichhölzer
- CD-Player und meditative Musik

LIED

EH 91 »Mache dich auf und werde Licht«

Wegmeditation

In der Kreismitte liegt eine Spirale aus Seilen, in der Spiralmitte stehen viele Gläser mit angezündeten Teelichtern.

Zwei Personen gehen langsam und bewusst den Weg der Spirale entlang zur Mitte, holen sich ein Teelicht, gehen den Weg der Spirale wieder nach außen und »verschenken« ihr Licht, indem sie es einer anderen Person vor die Füße stellen.

Die soeben »Beschenkten« sind nun an der Reihe, ihren Weg zu gehen und somit wiederum symbolisch Lichtblick für andere zu werden.

Im Hintergrund läuft meditative Musik.

Schlussgedanken

Sich aufmachen, die Mitte aufsuchen, dem Licht begegnen, es mitnehmen und weiterschenken – ein toller Weg. Ich verschenke mein Licht. Ich bringe Licht, Helligkeit und Wärme in das Leben eines Mitmenschen. Ich werde zum Lichtblick für einen anderen, eine andere wird Lichtblick für mich. Nehmen wir dieses schöne Bild mit hinein in den heutigen Tag und lassen das Licht durch uns weiter scheinen.

Nehmt die Kerze, die ihr geschenkt bekommen habt, mit nach Hause und zündet sie dort an als Erinnerung daran, dass andere Licht für euch sind und ihr Licht für andere Menschen sein könnt.

Lied

EH 91 »Mache dich auf und werde Licht«

2. Andacht: »Du kannst ein Lichtblick sein« – Eine Textmeditation

Material

- gestaltete Mitte mit Tüchern und einer großen Kerze und evtl. Reisig, rundherum liegen aus Tonpapier ausgeschnittene Kerzenvorlagen
- CD-Player und meditative Musik

Lied

»Du bist das Licht der Welt« oder

EH 22 »Gottes Wort ist wie Licht in der Nacht«

Textmeditation

In unserer Mitte steht eine Kerze. Ihr Schein durchbricht die Nacht. Ich lade euch ein, bei diesem Kerzenlicht zu verweilen und zu lauschen, was uns die Kerze zu sagen hat:

Ihr habt mich angezündet und schaut in mein Licht.
Vielleicht freut ihr euch ein bisschen dabei.
Ich jedenfalls freue mich, dass ich brenne.
Wenn ich nicht brennen würde, dann läge ich in einem Karton mit anderen Kerzen, die auch nicht brennen.
In so einem Karton haben wir überhaupt keinen Sinn.
Einen Sinn habe ich nur, wenn ich brenne.
Und jetzt brenne ich.
Aber seit ich brenne, bin ich schon ein bisschen kürzer geworden.
Das ist schade, denn ich kann mir schon ausrechnen, wann ich so kurz bin, dass ich nur noch ein kleines Stümpchen bin.
Aber so ist das. Es gibt nur zwei Möglichkeiten: Entweder ich bleibe ganz unversehrt in meinem Karton, dann werde ich nicht kürzer, dann geht mir nichts ab – aber dann weiß ich auch nicht, was ich eigentlich soll – oder ich gebe Licht und Wärme, dann weiß ich, wofür ich da bin, dann muss ich aber etwas geben dafür: mich selbst.
Das ist schöner, als kalt und sinnlos in einem Karton zu liegen.
So ist es auch bei euch Menschen.
Entweder ihr bleibt für euch, dann passiert euch nichts – aber dann wisst ihr auch nicht so recht: warum.
Dann seid ihr Kerzen im Karton.
Oder ihr gebt Licht und Wärme – dann habt ihr einen Sinn.
Dann freuen sich die Menschen, dass es euch gibt.
Dann seid ihr nicht vergebens da.
Aber dafür müsst ihr etwas geben; von allem, was in euch lebendig ist: von eurer Freude, eurer Herzlichkeit, eurer Treue, eurem Lachen, eurer Traurigkeit, euren Ängsten, euren Sehnsüchten, eurer Liebe, von allem, was in euch ist.
Ihr müsst geben von allem, was in euch ist.

Quelle unbekannt

Anleitung zur Schreibmeditation

Verschenken, was in mir ist – das ist die Botschaft der Kerze. Die Teilnehmenden einladen, sich aus der Mitte eine Kerzenvorlage zu nehmen und einen guten Gedanken an oder Wunsch für einen Menschen aufzuschreiben, dem sie dadurch gerne Lichtblick sein wollen. Die Kerzenvorlage nehmen die Schüler/innen mit nach Hause.

Lied

EH 22 »Gottes Wort ist wie Licht in der Nacht«

3. Andacht: »Du kannst ein Lichtblick sein« – Eine Bildmeditation

Material

- Kunstpostkarten des Bildes »Allen Menschen wird zuteil Gottes Heil« von Beate Heinen in der Anzahl der Teilnehmenden. Die Postkarten sind erhältlich bei ars liturgica Kunstverlag, 56653 Maria Laach (Bestellnr. 404715)
- Farbfolie des Bildes und Tageslichtprojektor
- CD-Player und meditative Musik

Lied

EH 192 »Jesus ist geboren«

Bildmeditation

Die einzelnen Bildelemente werden nacheinander aufgedeckt, das Bild und seine Botschaft erschließen sich langsam. Deshalb muss zuvor ein Schnittmuster angefertigt werden. Zum jeweils aufgedeckten Bildelement wird der entsprechende Text vorgelesen. Im Hintergrund läuft leise meditative Musik.

Bildelement 1: Eine Stadt bei Nacht

Es ist Nacht. Man kann Umrisse erkennen. Die Menschen schlafen wahrscheinlich in warmen Betten. Da ist Licht im Treppenhaus, vielleicht ist jemand spät heimgekommen oder muss schon früh zur Arbeit.

Allen Menschen wird zuteil Gottes Heil, Beate Heinen 1998

Bildelement 2: Parkbank

Es ist kalt, blaue, eisige Kälte. Da liegt ein Mensch auf der Parkbank. Er hat kein warmes Bett, vielleicht ein Nichtsesshafter, ein Heimatloser. Er liegt nicht wohlig ausgestreckt, sondern hat sich zusammengekrümmt wie ein Wurm. Er ist allein, unter der Parkbank liegt ein Karton, eine Flasche, vielleicht sein ganzes Hab und Gut. Es könnte sein, dass er erfriert in dieser Nacht.

Bildelement 3: Mensch

Hier ist jemand gekommen, der nicht schnell vorbeigeht in dieser Kälte. Er lässt seine Hände nicht in der warmen Manteltasche. Es ist ihm offensichtlich nicht egal, dass da einer liegt. Er wendet sich der Gestalt zu und berührt sie sogar: »Ich will nicht, dass du erfrierst.« Er zeigt auf irgendein Ziel hin. Vielleicht gibt es dort einen Ofen oder etwas zu essen.

Bildelement 4: Dunkle Gestalten

Noch mehr Leute sind unterwegs, dunkle Gestalten, magisch angezogen von irgendeinem Ziel.

Bildelement 5: Licht

Licht, warmes, rotes Licht inmitten der Dunkelheit, aber im Inneren sitzen zwei Erwachsene mit einem Säugling nachts auf einer Parkbank. Das ist doch ebenso trostlos, aber inmitten der blauen Kälte so viel Licht und offensichtlich auch Wärme. Der Mann bräuchte seine Kerze gar nicht. Wo kommt das Licht her? Wo ist die Lichtquelle? Auf dem Bild ist sie nicht zu erkennen. Die Familie in der Mitte hat etwas damit zu tun.
Es ist die Weihnachtsbotschaft!
Diese Botschaft ist einfach und gleichzeitig schwer zu verstehen:
Gott lässt seinen Sohn inmitten dieser kalten, trostlosen Umgebung zur Welt kommen, außerhalb der Stadt, außerhalb der wärmenden Betten. Er teilt von Anfang an mit uns die Heimatlosigkeit, er sucht sich für die Geburt seines Sohnes gerade diesen Platz aus, außerhalb, bei denen, die die Kälte aushalten müssen, bei den Heimatlosen.
Das heißt: Gott will uns zu allen Zeiten, auch in unseren schwierigsten Situationen, in dunklen, trostlosen Zeiten nahe sein, Licht sein, weil er uns liebt.

Schluss

Die Weihnachtsbotschaft ist für viele Menschen ein Lichtblick in dunkler Zeit. Dieser Lichtblick erzählt von Gottes wohltuender Nähe und Liebe.
Die Teilnehmer/innen erhalten eine Kunstpostkarte mit dem Motiv von Beate Heinen, verbunden mit dem Vorschlag, diesen »Lichtblick« an jemanden weiterzuschenken.

BETTINA KRÜGER/URSULA WÖRNER

Gott einen Platz bereiten

Elemente für einen Schulgottesdienst im Advent

Zielgruppe

Schüler/innen der Sekundarstufen I und II, Lehrer/innen

Vorüberlegungen

Mit einem Bild kann es gelingen, verschiedene Aspekte von Weihnachten in den Blick zu bekommen und die Menschwerdung Gottes ganz persönlich zu nehmen. Dass Gott Mensch geworden ist, hat zutiefst mit dem einzelnen Menschen und seiner »Gotteskindwerdung« zu tun. Daher folgen hier unterschiedliche Impulse zu einem Bild, aus denen die geeigneten Elemente ausgewählt werden können. Jedes Element kann als selbstständige Meditation oder als kreatives Element in einem Gottesdienst verwendet werden.

Material und Vorbereitung

- Stuhlkreis
- Texte und Bild in der Anzahl der Teilnehmenden
- Sieger-Köder-Bibel oder Schmuckkarte und ein Tuch für die gestaltete Mitte
  Das Bild »Betlehem-Efrata« von Sieger Köder ist als Schmuckkarte SK 316 erhältlich beim Schwabenverlag, Senefelderstraße 12, 73760 Ostfildern oder unter www.versacrum.de.
- DIN-A5-Blätter, Stifte
- Decken

Das Bild »Betlehem-Efrata« in die Mitte legen.

Lied

EH 281 »Wir haben Gottes Spuren festgestellt«

Begrüßung und Einleitung

Die letzte Woche vor Weihnachten hat begonnen: Tage zur Einstimmung auf dieses Fest, das uns einlädt, die Menschwerdung Gottes zu feiern, die konkreteste Form seiner Gnade, seiner Güte und Menschenliebe (Titus 3).

Ich möchte euch ein Bild als Gestaltungsmöglichkeit für diese Tage mitgeben – ein Weihnachtsbild von Sieger Köder – und heute einige Element davon betrachten:

Teilnehmende nennen Assoziationen zum Bild.

Betlehem – Efrata

1. Element: Glaubensstammbaum

IMPULS

Ein Rückblick: Der Ursprung Jesu liegt in ferner Vorzeit, in längst vergangenen Tagen, sagt der Prophet Micha (5): Er liegt bei David aus Betlehem. David bekommt von Gott durch den Mund des Propheten Nathan verheißen: »Der Herr wird dir ein Haus bauen ... Ich werde deinem Königsthron ewigen Bestand verleihen. Dein Haus und dein Königtum sollen durch

mich auf ewig bestehen bleiben« (Sam 7). – Und so wird der Stammbaum Jesu bis zu König David zurückverfolgt.
Wir wissen aus der Schrift: Menschenschicksale, Helles und Dunkles, Starkes und Schwaches, Klares und Verworrenes haben sich im Stammbaum Davids zu einem dichten Dach geschichtet und liegen wie eine schwere, aber lebendige Last auf seinen Schultern.
David selbst hat starke und schwache Seiten, helle und dunkle: sein Gottvertrauen und sein eigener Stolz, seine Mord-Lust und seine intensive Liebe. Er führt viele Gespräche mit Gott; viele direkte und indirekte Hilfen und Hinweise von Gott bekommt David auf seinem Weg geschenkt. Und immer wieder neu wendet er sich Gott zu.

JESUS ETWAS IN DEN STAMMBAUM SCHREIBEN

Viele Namen gehören in den Stammbaum Jesu. Menschen, die Gott treu blieben, wie Rut oder David; Menschen, die Jesu Geburt ankündigten und ersehnten, wie Jesaja und Micha; alle Menschen, die halfen, diese Krippe zu bereiten: Maria und Josef, die Engel, Elisabet und viele andere.
Wenn ich den Baum in den Blick nehme und auf einem Blatt einen Baumstamm skizziere, dann kann ich meinen Stammbaum des Glaubens anschauen, der mir Weihnachten ermöglicht: Wer hat meinen Glauben grundgelegt? Welche Personen spielen in meinem Glaubensleben eine Rolle? Oder: Welche biblischen Geschichten und eigenen Erfahrungen machen es mir möglich, an die Menschwerdung Gottes zu glauben? Ich kann einen eigenen Glaubens-Stammbaum malen und beschriften.

2. Element: Meine Einstellung zu Weihnachten

IMPULS

David hält auf diesem Bild schon lange Ausschau. Der da sitzt, ist bereit, den Gesalbten aufzunehmen.
Große Mühe und viel Arbeit haben diese Hände bereits hinter sich gebracht. Hände, die fast fertig sind mit dem Tagewerk, die zur Ruhe kommen wollen – aber doch noch leicht geöffnet sind. Mit welcher Handhaltung blicke ich auf Weihnachten? Mit geballter Faust, weil mich der Konsum so ärgert? Mit zusammengepressten Händen, damit es schnell vorbeigeht? Mit ausruhenden Händen, weil sie so müde sind vom Arbeiten und Vorbereiten? Mit offenen Händen, die warten und hoffen?

Meine Haltung

Die Teilnehmenden ermuntern, verschiedene Handhaltungen auszuprobieren, die ausdrücken, wie sie auf Weihnachten blicken; sich für eine zu entscheiden, sie zu zeigen und in Worte zu fassen.

3. Element: Ob Weihnachten mir noch die Ruhe raubt?

Impuls

Ein Ochse steht im Stall, ganz dicht neben dem ausgebreiteten Tuch. Sein Stall wird sich in wenigen Tagen sehr verändern. Mit seiner Ruhe ist es vorbei.

Vermag das Weihnachtsereignis mir eigentlich noch die Ruhe zu rauben?

Was wünsche ich mir, was sich in meinem Leben durch die Menschwerdung Gottes verändern soll?

Wonach sehne ich mich, wenn es Weihnachten wird?

Mein »anderer« Wunschzettel

Teilnehmende schreiben ihre tiefen Wünsche und ihre Sehnsucht auf.

BRIGITTE LOB

Keine Rose ohne Dornen

Schulgottesdienst in der Fastenzeit

Zielgruppe

Schüler/innen der Sekundarstufen I und II, Lehrer/innen, Eltern

Vorüberlegungen

Jeder von uns weiß, dass im Miteinander Verletzungen nicht ausbleiben. In der Aussage: »Keine Rose ohne Dornen« finden wir die Tatsache beschrieben, dass unser Leben, so schön es sein kann, immer wieder mit Problemen, Sorgen, Ängsten und Verletzungen verbunden ist. Wir werden verletzt oder verletzen andere.

Im Gottesdienst soll diese Ambivalenz »verletzen und verletzt werden« im Symbol der Dornen veranschaulicht werden. Der Gottesdienst, der in der Karwoche gefeiert werden kann, z. B. am letzten Schultag vor den Osterferien, dauert ca. eine Unterrichtsstunde.

Material und Vorbereitung

- Rosen- oder Schlehendornen mit Draht zu einem großen Dornenkranz binden (ca. 50 cm Durchmesser)
- kleiner Tisch mit Tuch
- Dornen aus rotem Tonpapier zuschneiden (ca. 15 cm lang, 7 cm breit). Die Dornen werden ca. eine Woche vor dem Gottesdienst über die Klassenlehrer/innen an die Schüler/innen ausgeteilt mit der Bitte, auf die Dornen zu schreiben, was sie verletzt.

Lied

EH 272 »Gott hat das erste Wort«

Gebet

Herr, unser Gott,

wer lebt, wird verletzt und verletzt andere. Es geschieht beabsichtigt oder ohne dass es uns bewusst ist. Wir tragen Wunden und Verletzungen mit uns herum. Manche heilen schnell, andere begleiten uns ein Leben lang.

Gott, du willst, dass unsere Verletzungen heilen und dass wir einander vergeben, wie du uns vergibst. Dein Sohn Jesus ist Mensch geworden, er ist verletzt worden, er hat geheilt und vergeben.
Komm in unsere Mitte und schenke uns die Kraft zur Versöhnung.
Darum bitten wir durch Jesus Christus, unseren Bruder.

Besinnung

1. Sprecher/in
Jeder von uns weiß, wie ein Dorn aussieht *(einen Papierdorn hochhalten)*. Dornen sind spitz. Sie können verletzen. Wie sehen meine Dornen aus, mit denen ich andere verletze?

2. Sprecher/in
Vielleicht sind es meine bewusst ausgewählten, spitzen Bemerkungen, meine Sticheleien oder bitteren Vorwürfe. Manchmal ist es meine böse Zunge, meine üble Nachrede oder indem ich zu anderen sage: »Hey, du bist hier überflüssig, verschwinde!« – »Du schaffst das doch nie!« – »Ich brauch dich nicht!« Manchmal lasse ich mich sogar zur Gewalt hinreißen. Dann sind meine Dornenspitzen fehlende Anteilnahme oder mangelnde Hilfsbereitschaft.

3. Sprecher/in
Dornen können Leben vollkommen ersticken. Wir hören dazu eine Textstelle aus dem Matthäusevangelium: »Und Jesus erzählte: ›Wieder ein anderer Teil der Körner fiel unter die Dornen und die Dornen wuchsen und erstickten die Saat‹« (Mt 13,7). Jesus erklärte seinen Jüngern diesen Gedanken: Bei dem ist der Samen in die Dornen gefallen, der das Wort vom Reich Gottes zwar hört, aber es dann mit den Sorgen und Problemen des Alltags oder mit trügerischem Reichtum erstickt. So kann er keine Frucht bringen.
Diene ich dem Wohlstand und dem angenehmen Leben mehr als Gott? Kreisen meine Gedanken öfter um meine Finanzen, meine Anschaffungen, meine Zukunftssicherung als um Gott und das, was er uns alles schenkt?

4. Sprecher/in
(Dornenzweig hochhalten) Solche Dornenzweige werden im Frühjahr von Rosensträuchern abgeschnitten, damit die Sträucher richtig treiben können. Kann ich Wünsche zurückstellen, damit sich meine besten Kräfte mehr entfalten können? Kann ich Träume und Ziele zurückstecken, um intensiver

und bewusster zu leben? Ertrage ich es, wenn Mitschüler/innen oder Freunde mich zurücksetzen, oder reagiere ich verletzt und verletze auch?

5. Sprecher/in

Es ist gefährlich, einen Dorn an einem Zweig zu entfernen. Man kann sich verletzen, sich wehtun. Auch wenn ich in der Schule, am Arbeitsplatz oder zu Hause »Dornen« beseitigen will, kann ich mich verletzen.

6. Sprecher/in

Rede ich alle Dinge schön oder packe ich dort an, wo Not und Ungerechtigkeit anzugehen wären? Gebe ich nach einer mir zugefügten Verletzung auf oder halte ich den Schmerz aus und mache weiter, weil ich weiß, dass es richtig ist?

7. Sprecher/in

Bist du verletzt worden? – Vielleicht von einem Menschen, den du liebst? Beschönigen hilft nichts, auch nicht entschuldigen und erklären. Schmerz bleibt Schmerz und die Enttäuschung ist nicht wegzudenken.

8. Sprecher/in

Glaube ich daran, dass Verzicht und Opfer mich im Leben weiterbringen? Glaube ich, dass Gebet und Fasten meine Handlungen segensreicher und fruchtbarer machen? Warum bete und faste ich dann so wenig?

Begleitet von einem Instrumentalstück tragen Schüler/innen einen mit einem Tuch bedeckten kleinen Tisch mit der Dornenkrone zum Altar.

Dornenaktion

Einige Schüler/innen lesen stellvertretend ihre auf die roten Dornen geschriebenen Verletzungen vor – z. B. »Mein Papa hat nie Zeit für mich«, »Mein Freund hat mich belogen« – und stecken die Dornen in die Dornenkrone.

Lied

EH 162 »Wo Menschen sich vergessen«

Evangelium

Matthäus 13,1–8 Das Gleichnis vom Sämann

Ansprache

Wir haben schon in der Besinnung einen Teil des Gleichnisses vom Sämann gehört. Es ging dabei um die Körner, die unter die Dornen fielen und von diesen erstickt wurden. Nun haben wir die ganze Geschichte hören können. Das Gleichnis will uns deutlich machen: So wie viele der Körner nicht zu Ähren reifen konnten, so scheint es oft nicht leicht zu sein, dass unser Glaube wachsen kann. Es gibt viele Dornen, die es unserem Leben und unserem Glauben schwer machen, zu wachsen und sich zu entfalten. Aber Jesus will uns mit dem Gleichnis auch wissen lassen, dass wir intensiver und bewusster leben sollen. Wenn man sein Leben auf Gott ausrichtet und Gott bei sich selbst Raum gibt, kann etwas wachsen. Nur so kann auch unser Leben – trotz mancher Dornen im Alltag – zur vollen Entfaltung kommen.

Fürbitten

Wie Dornen stecken Ängste in unseren Herzen. Lasst uns gemeinsam beten zu Jesus Christus, unserem Herrn, der alle unsere Ängste kennt:

- Ich habe Angst, in der Schule schlechte Noten zu schreiben und zu versagen.
- Ich habe Angst, in der Klasse ausgelacht zu werden.
- Hilf uns, dass Freundschaft mehr gilt als Konkurrenzkampf.
- Die Angst der Menschen in den Kriegsgebieten muss schrecklich sein. Ich bitte besonders für diese Menschen.
- Wenn das Geld knapp ist, gibt es oft Streit in der Familie. Friede ist besser, als immer mehr zu wollen und zu bekommen.

Guter Gott, du willst unsere Angst wandeln, dafür danken wir dir.

Lied

EH 51 »Vaterunser«

Meditation

Darin sollten wir der Rose gleichen:
einfach wachsen –
auf gedüngtem Boden –
Wurzen schlagen,
Blätter und Blüten treiben,
unsere Dornen wahrnehmen,
ohne Eile,
Leben aus der Erde ziehen,
frei atmen,

uns von der Sonne öffnen lassen,
blühen, duften und für uns und andere offen sein,
ein Leben lang.

Segen

Lied

EH 270 »Vergiss nicht zu danken«

ANGELA HIRTHAMMER

Christopherus – Geist – Identität

Pfingstgottesdienst

Zielgruppe

Schüler/innen der Sekundarstufen I und II, Lehrer/innen

Vorüberlegungen

Im Mittelpunkt dieses Pfingstgottesdienstes steht die Figur eines Heiligen, der seine Identität und einen neuen Geist auf seinem Lebensweg findet. Der Gottesdienst kann mit einer Schulklasse vorbereitet und gestaltet werden. Im Rahmen des Religionsunterrichts kann sich die Klasse im Vorfeld Gedanken zu den drei Aspekten des Textes machen, die dann im Gottesdienst eine Rolle spielen: Was macht mein Leben *reich*, wo und wie erlebe ich *Macht* und was lässt mein *Leben aufblühen*. Zu diesen drei Aspekten verfassen die Schüler/innen kurze Texte.
Diese werden auf Zettel geschrieben, die als Blätter und Blüten gestaltet sind. Parallel ist es möglich, dass andere Schüler/innen der Klasse Fürbitten formulieren.
Alternativ kann das Verfassen der Texte im Vorfeld weggelassen und als Aktion im Gottesdienst durchgeführt werden.

Material

- Notenkalender, Fernbedienung, Autoschlüssel, Foto von zwei Menschen
- Holzstab
- bunte Zettel in Form von Blättern und Blüten

Eingangslied

EH 104 »Singt dem Herrn«

Besinnung

Eine Legende bildet den Mittelpunkt unseres Gottesdienstes. Eine Geschichte, die nicht in den Evangelien steht, aber die dem Glauben nützt und deshalb, wie das aus dem Lateinischen stammende Wort *Legende* sagt, »zu lesen« ist, weil sie eine tiefere Wahrheit transportiert, die uns auch heute noch etwas zu sagen hat.

Es geht in dieser Legende um einen Weg – genauer: um einen Lebens- und Glaubensweg, um die Frage nach dem Sinn des Lebens, nach der Bedeutung von Reichtum und Macht in unserem Leben. – Besinnen wir uns darauf am Anfang unseres Gottesdienstes mit Hilfe einiger Symbole und Gedanken.

Macht, Können, Dürfen, Müssen

Sprecher/in zeigt einen Notenkalender.

Ich habe als Lehrer/in das Recht, Noten zu geben, aber auch die Pflicht. Nicht immer macht das Notengeben Freude, mir nicht, wenn ich sie gebe, den Schüler/innen nicht, die sie bekommen. Was bin ich wert jenseits der Noten und Bewertungen von außen?
Herr, erbarme dich.

Sprecher/in zeigt eine Fernbedienung.

Eine Fernbedienung lässt mich zum Herrn des Fernsehprogramms werden. Der, der die Fernbedienung hat, kann entscheiden, welcher Kanal geschaut wird. Das gibt oft Auseinandersetzungen darüber, wer nun bestimmen darf. Oder habe ich einen Fernseher allein für mich? Dann habe ich meine Ruhe, aber ist das Alleinsein auf Dauer so erstrebenswert?
Christus, erbarme dich.

Reichtum, Haben, Ansehen, Bewunderung

Sprecher/in zeigt einen Autoschlüssel.

Ich bin erwachsen, volljährig, kann schnell irgendwohin fahren; kann andere mitnehmen; wenn sie mich fragen, sage ich »ja« oder »nein«. Das ist doch was. Und ich kann zeigen, wie gut es mir geht. Bin ich mir meiner Verantwortung bewusst? Mag man mich auch ohne Auto?
Herr, erbarme dich.

Sprecher/in zeigt ein Foto von zwei Menschen.

Das Foto hängt in meinem Flur. Ich schaue es gerne an. Ich erinnere mich gerne an die beiden. Sie haben einen Wert für mich, auch wenn sie nicht da sind, und ich glaube, dass es auch umgekehrt so ist. Wem bin ich etwas wert? Wer ist mir nahe? Welche Beziehung ist mir wichtig, macht mich und den anderen wertvoll?
Christus, erbarme dich.

Gott, wir danken dir für alle Menschen, die sich um uns kümmern, die uns lieben und die von uns geliebt werden, die von deiner Liebe erfüllt sind.

Christopherus-Legende

Seine Eltern hatten ihn »Reprobus«, das heißt »Prüfling«, taufen lassen. Er wuchs zu einem Riesen heran. Aber er wusste lange Zeit mit seiner ungeheuren Kraft nichts Richtiges anzufangen. Obwohl er freundlich und hilfsbereit war, hatten die Menschen Angst vor seiner ungeheuren Größe und Stärke.

Auf der Suche nach einem Ziel im Leben kam ihm schließlich der Gedanke: »Ich möchte dem mächtigsten Herrscher der Welt dienen.«

Sein Weg führte ihn nach Konstantinopel zum römischen Kaiser. Wegen seiner Größe und Stärke bewunderten ihn viele. So diente er dem Kaiser gerne, doch eines Tages sah er, wie der mächtige Kaiser Angst bekam, als ein fremder Sänger den Namen des Teufels erwähnte. »Wenn du vor dem Teufel Angst hast, dann kannst du nicht der Mächtigste auf der Erde sein!«, sagte der Riese und noch zur selben Stunde verließ er den Kaiser und machte sich auf, um den Teufel zu suchen.

Der Teufel freute sich über einen so starken Helfer: Überall hinterließen sie eine Spur von Verwüstung, Leid und Not. Der Riese hatte klare Aufträge, brauchte nicht nachzudenken und war zufrieden. Eines Tages kamen sie zu einem Bach, über den eine Brücke führte. Der Teufel wich vom Weg ab und ritt durch den Bach. Als der Riese den Teufel fragte, warum er das tue, gab er zur Antwort: »Ich fürchte mich vor diesem Kreuz auf der Brücke, denn es erinnert an Jesus Christus.«

Da verließ der Riese auch ihn und suchte nun nach diesem Jesus Christus, doch die Leute nahmen ihn nicht ernst. Erst ein Einsiedler hörte ihn geduldig an und gab ihm den Rat: »Bleibe hier in der Nähe am Fluss. Er ist tief und gefährlich und viele Menschen wollen hinüber. Aber es gibt keine Brücke. Trage du sie sicher ans andere Ufer!«

Das gefiel dem Riesen mit seiner großen Kraft und so blieb er am Fluss, trug die Menschen hinüber und wartete doch viele Jahre vergebens.

Als er schon alt und grau geworden war und die Hoffnung schwand, hörte er eines Nachts ein Kind rufen. Es verlangte, dass der Riese es über den Fluss trage. Er nahm das Kind auf seine Schulter, griff nach seinem Wanderstab und begann, den Fluss zu durchqueren. Doch je weiter er sich

durch den Fluss ans andere Ufer kämpfte, desto schwerer wurde ihm die Last auf seinen Schultern. »Wer bist du denn, dass ich dich kaum zu tragen vermag?«, fragte er das Kind, als er sich mit letzter Kraft ans andere Ufer rettete. Das Kind antwortete ihm: »Ich bin Jesus Christus, der Herr der Welt, den du getragen hast.« Mit ungläubigem Staunen hörte er den Auftrag, den das Kind ihm noch gab: »Pflanze deinen Wanderstab in die Erde und das tote Holz wird erblühen.«
Kaum hatte er dies getan, schlief er auch schon vor Erschöpfung ein. Als er am anderen Morgen erwachte, war der Stab übersät mit Blüten und Blättern. Der Riese sah es mit großer Freude. Und seither nennen die Menschen ihn Christopherus, den Christusträger.

Lied

EH 124 »Den Weg wollen wir gehen«

Aktion

Christopherus war auf der Suche nach dem Sinn seines Lebens und dabei gleichzeitig – ohne es zunächst zu wissen – auf der Suche nach Jesus Christus. Es dauerte sehr lange, bis er ihn schließlich gefunden hatte. Erst nach der Begegnung mit Christus fand Christopherus seinen Platz im Leben. Als Zeichen dafür wurde aus seinem Wanderstab ein blühender Baum.
Ihr seid nun eingeladen, euch zu überlegen, was euer Leben reich macht, wie ihr Macht erlebt und was euer Leben aufblühen lässt.
Schüler/innen schreiben ihre Gedanken auf die vorbereiteten Blätter und Blüten. Einige Beispiele werden vorgelesen, alle Zettel werden anschließend an einen hölzernen Stab geklebt.

Fürbitten

Wie der heilige Christopherus sind auch wir auf der Suche nach Gott und dem Sinn unseres Lebens. Auf dieser Suche vertrauen wir uns Gott an und bitten:

- Stärke uns auf der Suche nach dem Sinn und dem Glück unseres Lebens.
- Gib uns die Kraft, unseren eigenen Weg zu finden, auch wenn er schwer ist und wir Widerständen begegnen.
- Mache uns aufmerksam für die Nöte und Bedürfnisse anderer, von Armen und Kranken, Traurigen und Einsamen.

- Lass uns in Frieden miteinander leben.
- Gib uns den Mut für den ersten Schritt auf dem langen Weg.

Guter Gott, lass unser Leben reich werden und aufblühen. Begleite und trage uns in den schwierigen Situationen unseres Lebens, so wie du von Christopherus getragen worden bist. So bitten wir dich durch Christus, unseren Herrn.

Vaterunser

Segen

EH 60 »Herr, wir bitten«

CHRISTOF BUMÜLLER

Tragen und tragen lassen

Wortgottesdienst zum Thema »Klassengemeinschaft«

Zielgruppe

Schüler/innen ab Klasse 9

Vorüberlegungen

Klassengemeinschaft ist ein lebendiger, sich entwickelnder und dadurch offener Prozess. Klassengemeinschaft nährt sich durch verschiedenste Erfahrungen im Schulalltag und durch Erlebnisse der Klasse außerhalb der Schule. Diese Form des Gottesdienstes soll einen Beitrag dazu leisten. Durch aktives Mittun der einzelnen Schüler/innen wird eine besondere Gruppenerfahrung ermöglicht.

Der Gottesdienst ist für Klassen gedacht, die eine gemeinsame Zeit, z. B. eine Klassenfahrt oder ein Schuljahr, abschließend feiern möchten. Er dauert ca. 60 Minuten und ist für alle Klassengrößen geeignet.

Material

- Für eine gestaltete Mitte: Tücher, Teelichte, Symbole für die gemeinsame Zeit, Bibel

Lied

EH 285 »Eingeladen zum Fest des Glaubens«

Begrüßung

Besinnung

Guter Gott, du hast uns als Klasse eine gemeinsame, abwechslungsreiche Zeit geschenkt. Anhand der hier ausliegenden Symbole und Gegenstände wird das noch einmal deutlich.

Nehmen wir uns einen Moment der Ruhe und lassen in Gedanken Bilder und Erlebnisse dieser Zeit Revue passieren.

Kurze Stille

Wir wollen diese gemeinsame Zeit in dieser Stunde besonders feiern und bitten dich, Gott, um deine Nähe.

Schrifttext

Mk 2,1–5.11–12 Die Heilung eines Gelähmten

Deutung des Schrifttextes

Der Gelähmte hoffte auf das Wunder wirkende Handeln Jesu und setzte alles daran, in seine Nähe zu gelangen. Der riskante Weg über das Dach war ihm nicht zu gefährlich. Dabei war er auf die Hilfe und die Kraft der ihn begleitenden Männer angewiesen. Auch die Träger mussten vom Glauben und der Hoffnung auf die Kraft der Worte und des Auftretens Jesu ermutigt gewesen sein. Sonst hätten sie wohl diese Mühe und das Risiko nicht auf sich genommen.

Es sind dieser Wille und dieses Vertrauen, die Jesus nicht zögern lassen, im Namen Gottes die Sünden zu vergeben, und damit wieder Leben zu eröffnen und Lebenslast abzunehmen. Er spricht dem Gelähmten das Heil zu und ermutigt die Träger.

Gehen wir noch einmal an den Anfang dieser Erzählung: Dort wird indirekt mitgeteilt, dass der, der getragen wird, darauf angewiesen ist, dass die Tragenden ihn wirklich tragen können und wollen. Er muss den Tragenden vertrauen.

Für eine Gruppe oder eine Klasse ist das Zusammenspiel dieser beiden Momente des Tragens ebenfalls wichtig, auch bei Konflikten und Schwierigkeiten.

Übung »Tragen und tragen lassen«

In der folgenden Übung können wir erfahren, was es heißt, von anderen getragen zu werden, für einen kurzen Moment den sicheren Boden unter den Füßen zu verlieren und den anderen zutrauen, dass ich sicher »aufgehoben« bin. Und was es heißt, einen anderen zu tragen.

Ein/e Schüler/in legt sich auf den Boden. Wichtig ist, dass die Person Körperspannung annimmt und die Augen schließt. Die anderen versammeln sich schweigend um die liegende Person, gehen in die Knie und greifen dann mit ihren flachen Händen unter den Körper (nicht im Nacken).

Auf Kopfnicken oder leises Ansagen des Leiters/der Leiterin heben alle gleichzeitig die Person bis auf Schulterhöhe hoch, halten sie für ein paar Sekunden und legen sie dann langsam wieder auf den Boden zurück. Bei der Durchführung schweigen alle.

Wichtig: Die Übung geschieht freiwillig. Nicht jede/r will sich gleich tragen lassen. Bei manchen Schüler/innen braucht es einigen Mut und Abwarten, sich so von den anderen tragen zu lassen. Im weiteren Verlauf der Übung und mit zunehmender Sicherheit kann die Höhe bis bzw. über Kopfhöhe gesteigert werden. Dazu muss die gesamte Gruppe sich konzentriert beteiligen. Je nach Klassengröße kann diese Übung auch in zwei Halbgruppen durchgeführt werden.

Lied

EH 16 »Ich lobe meinen Gott«

Fürbitten und Vaterunser

Ich lade euch ein, eure Bitten und Anliegen frei vor Gott zu bringen. Ihr könnt dabei ein Teelicht anzünden, in die Mitte stellen und dann eure Bitte sprechen. Wer möchte, kann dies auch in Stille tun.

Evtl. kann nach den einzelnen Äußerungen ein Fürbittruf gesungen werden.

Guter Gott, du hörst unsere Anliegen, unsere Wünsche, die gesprochenen wie auch die unausgesprochenen. Darauf vertrauen wir und darum bitten wir dich durch Jesus Christus, unseren Herrn.

Gemeinsam das Vaterunser beten.

Segen

Die Gruppe stellt sich im Kreis auf. Jede/r legt die rechte und die linke Hand dem Nachbarn/der Nachbarin, die links und rechts stehen, mit leichtem Druck auf den Rücken, um sich gegenseitig zu stärken.

Gott, stärke, was in uns wachsen will,
schütze, was uns lebendig macht,
behüte, was wir weitertragen,
bewahre, was wir freigeben,
und segne uns, wenn wir aufbrechen zu dir.

Lied

EH 281 »Wir haben Gottes Spuren festgestellt«

BORIS GSCHWANDTNER

Die Dunkelheit überwinden durch das Licht
Ökumenischer Gedenkgottesdienst für eine/n verstorbene/n Lehrer/in

Zielgruppe
Familie und Freunde des/der Verstorbenen, Schüler/innen, Lehrer/innen

Vorüberlegungen
Das Unfassbare ist geschehen. Eine Lehrerin/ein Lehrer an der Schule verstirbt völlig unerwartet. Der Schock an der Schule sitzt tief. Durch Text und Symbolhandlungen soll den Betroffenen an der Schule eine Möglichkeit zum Ausdruck ihrer Trauer in Form eines Gedenkgottesdienstes gegeben werden. Es bietet sich an, dass Schüler/innen und Lehrende den Gedenkgottesdienst gemeinsam vorbereiten.

Material
- Tisch mit schwarzem Tuch
- Kreuz
- Osterkerze auf dem Altar
- Bild des/der Verstorbenen (mindestens DIN-A4-Format im Aufstellrahmen)
- Kerzen für die Schüler/innen der Klasse
- Kopien von Psalm 139,1–13.16–19.23–24 in der Anzahl der Teilnehmenden

Orgelvorspiel

Begrüßung
Wir haben uns versammelt, um unsere Trauer, unseren Schmerz, unsere Fragen und Sorgen gemeinsam vor Gott zu bedenken. N. N. ist plötzlich von uns gegangen. Wie sollen wir mit diesem Verlust fertig werden?

Gebet
Psalm 139,1–13.16–19.23–24

Im Wechsel gesprochen

Symbolhandlung

Kreuz auf den Tisch stellen.

Ich stelle ein Kreuz auf den Tisch. Es ist Zeichen dafür, dass Gott in Jesus selbst den Tod durchlebt hat.

Erinnern

Foto auf den Tisch stellen.

1. Schüler/in

Wir wollen uns erinnern an N. N.

2. Schüler/in

Wieso hat Gott uns unsere/n Lehrer/in genommen? N. N. war immer nett und hilfsbereit.

3. Schüler/in

Wieso gerade N. N.? Ich kannte ihn gerade mal drei Wochen und trotzdem wird er/sie mir fehlen.

4. Schüler/in

N. N. war eine gute Lehrerin/ein guter Lehrer. In den drei Wochen habe ich sie/ihn ins Herz geschlossen.

Lehrer/in

Unfassbar stehen wir vor dem Bild von N. N. Wir können uns nicht vorstellen, dass er/sie nicht mehr in unserem Kollegium anwesend sein soll. Seine/ihre freundliche, offene Art, die stetige Hilfsbereitschaft – alles Vergangenheit? Vor vier Tagen haben wir noch miteinander einen Schullandheimaufenthalt geplant. Wie schnell werden alle menschlichen Pläne zunichte gemacht?

Orgelspiel

Schriftlesung

Röm 8,31–35.37–39 Die Gewissheit der Glaubenden

Symbolhandlung

Brennende Osterkerze zum Bild stellen.

Die Dunkelheit wird überwunden durch das Licht: Gott hat Jesus von den Toten auferweckt. Die Osterbotschaft eröffnet auch uns Hoffnung über den Tod hinaus: »Nichts kann uns scheiden von der Liebe Gottes.«

Fürbitten

- Unbegreiflicher Gott, du hast das Leben von N.N. so früh abgebrochen und uns Freude und Hoffnung genommen! Deine Gedanken sind uns verborgen und es fällt uns schwer, deinen Willen zu begreifen. Lass uns nicht daran zweifeln, dass uns nichts von deiner Liebe trennen kann. Wir bitten dich, sei du mit deiner Liebe nun bei denen, die N. N. geliebt hat. Schenke ihnen Kraft, diesen unaussprechlichen Schmerz auszuhalten. Stehe ihnen bei, tröste sie! Lass sie Hilfe finden durch Angehörige und Freunde. Wir rufen zu dir.
- Weder Gegenwärtiges noch Zukünftiges kann uns von deiner Liebe trennen. Lass alle Schülerinnen und Schüler offene Ohren finden für ihre Angst und Trauer. Stärke und tröste sie! Wir rufen zu dir.
- Es tut weh, Abschied nehmen zu müssen. Wir bitten dich für das Kollegium unserer Schule und alle ihre Mitarbeiter, die N. N. in liebevoller Erinnerung behalten werden. Vergib, was versäumt worden ist! Wir rufen zu dir.
- Du kennst unsere Fragen, unser Entsetzen, unsere Angst. Niemand von uns weiß, was morgen sein wird. In unserem Aufgewühltsein gib uns Ruhe. In unserer Trauer gib uns Hoffnung. Wir rufen zu dir.

Für so vieles, was uns bewegt, wissen wir keine Worte. Aber du verstehst uns auch so. Du weißt um unsere Zweifel, unsere Not, unseren Glauben und Unglauben. Wir vertrauen darauf, dass du uns immer trägst und stützt. Darum bitten wir dich durch Christus, unseren Herrn.

Symbolhandlung

Die Schüler/innen der Klasse, in der N. N. Klassenlehrer/in war, zünden an der Osterkerze ihre Kerzen an und stellen sie zum Bild.

Vaterunser

Lied

GL 559,1–3 »Mein schönste Zier«

Schlussgebet und Segen

MARLENE MÜLLER

Ich gieße aus vor dir meine Klage

Gottesdienstliche Feier nach einer Naturkatastrophe

Zielgruppe

Schüler/innen der Sekundarstufen I und II, Lehrer/innen, weiteres Schulpersonal; je nach Schulgröße die ganze Schulgemeinschaft oder bestimmte Jahrgangsstufen.
Die Teilnehmenden sind nicht unmittelbar von der Naturkatastrophe betroffen. Niemand hat den Tod eines nahestehenden Menschen zu beklagen.

Vorüberlegungen

Naturkatastrophen – egal wo sie sich ereignen – rücken uns durch die Medien nahe. Das geschieht insbesondere dann, wenn die Katastrophen sich an Orten ereignen, mit denen wir Erfahrungen und (Urlaubs-)Erlebnisse verbinden – so wie es z. B. nach dem Seebeben in Südostasien war. Verstärkt wird diese Betroffenheit, wenn viele Tote zu beklagen sind.
Naturkatastrophen lösen Fragen, Ängste und Verunsicherungen aus. Es ist deshalb gut, wenn in der Schule Raum und Zeit für das Gespräch über die eigene Betroffenheit gegeben wird. Zudem sollte es einen spirituellen Ort geben, wo die Fragen, die Fassungslosigkeit, die Trauer und die Anklage eine Verortung haben.
Die gottesdienstliche Feier ist ökumenisch ausgerichtet. Sie findet in einem Kirchenraum statt. Wenn es an der Schule nichtchristliche Schüler/innen gibt, dann sollte der vorliegende Vorschlag umgearbeitet werden zu einer multireligiösen Feier, für die dann auch ein anderer Ort gesucht werden müsste.

Material

- Kartons oder Ziegelsteine, mit denen vor dem Gottesdienst eine Klagemauer aufgebaut wird
- Kreuz
- Osterkerze, Kerzen, Streichhölzer
- Bibel
- CD-Player und meditative Musik oder eine Orgel
- Papier, Stifte

Meditative Musik zur Einstimmung

Lied

EH 147,1–3 »Meine engen Grenzen«

Begrüßung und Hinführung

Die gottesdienstliche Gemeinde begrüßen und den Grund der Feier benennen: die konkrete Naturkatastrophe; vor Gott unsere Klagen, aber auch unsere Bitten um Halt, Trost, Stärke für die unmittelbar Betroffenen, die Helfer/innen und für uns bringen.

Gebet

Gott,
über die Medien hat die Naturkatastrophe in … Eingang in unser Leben gefunden. Wir fühlen uns wie gelähmt angesichts dieser großen Not. Fernsehbilder vermitteln uns ansatzweise das Ausmaß der Verwüstung. Sie zeigen uns die von Elend und Tod betroffenen Menschen. Sehr viele sind verzweifelt: Sie beklagen den Tod ihrer Kinder, Partner, Eltern, Freunde, Verwandten und Arbeitskollegen. Andere haben Haus und Gut, haben ihre Existenzgrundlage verloren.
In dieser Stunde bringen wir vor dich, Gott, das Leid und die Verzweiflung dieser Menschen. Wir bringen vor dich die Ängste und Sorgen dieser so hart getroffenen Menschen. Mit ihnen fragen wir dich: Wo warst du, Gott? Wo warst du, Gott, der du doch ein Gott des Lebens bist?

Lied

EH 150,1–3 »Scheu' dich nicht«

Klagemauer

Wir haben im Altarraum eine Mauer aus Steinen (Kartons) aufgebaut – eine Klagemauer. Viele gläubige Juden gehen in Jerusalem an die Klagemauer, um zu beten. Sie fühlen sich dort Gott besonders nahe. Wir werden zu unserer Klagemauer hier in der Kirche unsere Trauer, unsere Klagen und unsere Bitten bringen. Wir vertrauen darauf, dass Gott uns nahe ist und uns hört.

Manche Juden stecken geschriebene Gebete in die Ritzen der Klagemauer in Jerusalem. Auch wir können unsere schriftlichen Klagen und Bitten in die Ritzen der Mauer stecken.

Je nach Größe der Gruppe bestehen zwei Möglichkeiten:

- *Jede/r schreibt eine Klage oder eine Bitte auf ein Blatt Papier. Die Klage-Blätter werden von Schüler/innen in Körben eingesammelt und nach vorne gebracht. Zwei Schüler/innen ziehen Klageblätter (Anzahl begrenzen) und lesen diese abwechselnd vor.*
- *Jede Klasse/das Lehrerkollegium hat ein Klage- bzw. Bitt-Blatt vorbereitet. Diese werden von je einem/einer Vertreter/in der Klasse und des Kollegiums nach vorne gebracht und vorgelesen.*

Anschließend wird das Klage-Blatt in eine Ritze der Mauer gesteckt.

Ansprache

Mögliche einleitende Inhalte:

- benennen der Naturkatastrophe und des Leides der betroffenen Menschen
- einbeziehen der vorgetragenen Klagen und Bitten (Stellvertretung für die Betroffenen)
- Fragen benennen, die angesichts einer solchen Katastrophe in den Menschen aufsteigen
- die Frage nach Gott.

Lied

EH 22 »Gottes Wort ist wie Licht in der Nacht«

Schrifttext

Ps 142,2–4.6–7 Hilferuf in schwerer Bedrängnis

Impulse für die inhaltliche Auslegung des Psalms

- Klage des Menschen, der sie vor Jahwe ausspricht
- Einsamkeit des Menschen in einer Extremsituation
- Vertrauen des Menschen auf Gott, dass er durch ihn Zukunft hat

Fürbitten

Schüler/innen tragen vorbereitete Fürbitten vor. Nach jeder Fürbitte ist ein kurzer Augenblick des Schweigens. Dann stimmen alle ein in das Lied EH 198 »Aus der Tiefe«. Im Anschluss daran wird eine Kerze an der Osterkerze entzündet und an die Klagemauer gestellt.

Wir bringen nicht nur unsere Fragen und unsere Klagen vor Gott. Wir bringen vor ihn auch unsere Bitten im Vertrauen darauf, dass er uns hört.

- Wir beten für die Menschen, die durch die Katastrophe in N. N. getötet wurden: Kinder, Jugendliche, Erwachsene, alte Menschen.
- Wir beten für die Menschen, die Angehörige, Freunde und Verwandte verloren haben.
- Wir beten für die Menschen, deren berufliche Existenz zerstört wurde.
- Wir beten für die vielen Helfer und Helferinnen vor Ort, die sich mit großem Einsatz um die Betroffenen kümmern.
- Wir beten für die Menschen, die durch Spenden versuchen, die Not der Betroffenen zu lindern.
- Wir beten für uns, dass wir einander in Zeiten der Not solidarisch beistehen.

Unsere ausgesprochenen und unausgesprochenen Bitten schließen wir ein in das große Bittgebet, das Jesus uns geschenkt hat: Vater unser …

Lied

EH 239 »Ausgang und Eingang«

Segensgebet

Gott,
wenn uns Betroffenheit und Hilflosigkeit lähmen, bewege du uns mit deinem Wort.
Gott,
wenn wir uns allein und einsam fühlen, schenke du uns deine Nähe.
Gott,
wenn wir trotz allem Schweren den nächsten Schritt in die Zukunft wagen, stärke unseren Rücken mit deinem Segen.
Darum bitten wir dich für uns und alle Menschen, die von der Naturkatastrophe betroffen sind.
So segne uns Gott, der Vater, der Sohn und der Heilige Geist.

Lied

EH 277 »Keinen Tag soll es geben«

Anmerkung

Die Klagemauer kann im Anschluss an den Gottesdienst in der Schule aufgestellt werden. Wenn es möglich ist, sollten auch die Kerzen brennen (Windlichter). Eine Lehrkraft sollte in den nächsten Tagen die Klagemauer betreuen. – Wichtig ist, sich im Voraus zu überlegen, wann und wie die Mauer abgebaut werden soll. Auch ist zu überlegen, ob Schüler/innen die Möglichkeit haben sollen, weitere Klage- und Bitt-Blätter anzubringen.

GABRIELE RÜTTIGER

Erfülle diese Räume mit deinem guten Geist

Segensfeier zur Einweihung neuer Schulräume

Zielgruppe

Schüler/innen aller Altersstufen, Lehrer/innen, Eltern, Personen des öffentlichen Lebens

Vorüberlegungen

Anhand des Symbols *Weihrauch* soll deutlich werden, dass wir um Gottes Gegenwart für die neu eröffneten Räume bitten. So wie der Duft des Weihrauchs sich im ganzen Gebäude verteilt, so soll dem Geist Gottes in diesen Räumen Platz gegeben werden. Dies kommt auch in den *Kreuzen* zum Ausdruck, die gesegnet und während der Feier an ihre Plätze gebracht werden. Beim Einlegen des Weihrauchs und beim Aufhängen der Kreuze werden alle an der Schule vertretenen Gruppen einbezogen.
Die Segensfeier ist eingebettet in einen kleinen Festakt und dauert etwa 15 Minuten.

Materialien

- Kreuze für alle neuen Räume
- Weihwassergefäß
- Weihrauchgefäß, Kohle, Weihrauch

Sollten Rauchmelder in den Räumen installiert sein, müssen diese für den Zeitraum der Segnung deaktiviert werden!

Lied

GL 258,1–2 »Lobet den Herren«

Begrüßung

Lesung

1 Kor 3,9–11.16f   Ihr seid Gottes Tempel

Fürbitten

Wir Menschen bilden das Haus, den Tempel Gottes. Gott möchte bei den Menschen sein, die in seinem Namen zusammenkommen. Der Weihrauch ist ein altes Symbol für diese Gegenwart Gottes unter uns Menschen. Wie der Duft des Weihrauchs den ganzen Raum erfüllt, so soll auch Gott unser Miteinander, unser Lehren, unser Lernen und unsere Begegnungen prägen. Das Einlegen von Weihrauchkörnen in die Rauchschale soll unserer Hoffnung und unserer Bitte um den Geist Gottes, um seine Gegenwart und Liebe Ausdruck geben.

Nach jeder Bitte legen die Lektor/innen ein paar Weihrauchkörner auf die brennende Kohle in das Weihrauchgefäß.

Schüler/in der Unterstufe

- Guter Gott, erfülle diese Räume mit deinem guten Geist der Gemeinschaft, dass wir gerne miteinander lernen, aufeinander Rücksicht nehmen und Freunde finden.

Lehrer/in

- Guter Gott, erfülle diese Räume mit deinem guten Geist der Weisheit, dass wir Lehrer und Lehrerinnen es gut verstehen, unser Wissen weiterzugeben und gute Wegbegleiter für unsere Schüler und Schülerinnen zu sein.

Schüler/in der Mittelstufe

- Guter Gott, erfülle diese Räume mit deinem guten Geist der Unterscheidung, dass wir lernen, aus den unzähligen Fakten und Informationen das zu erkennen, was für unser Leben wichtig und hilfreich ist.

Vater/Mutter

- Guter Gott, erfülle diese Räume mit deinem guten Geist der Liebe, dass wir mit Hoffnung und Gelassenheit unsere Kinder auf dem Weg ins Leben begleiten.

Schüler/in der Oberstufe

- Guter Gott, erfülle diese Räume mit deinem guten Geist der Wahrheit, dass wir das, was wir an dieser Schule lernen, verantwortungsvoll im Alltagsleben und im Beruf anwenden.

Segensgebet über die Räume

Allmächtiger, guter Gott,
wir loben dich, denn du bist der Anfang und der Ursprung aller Weisheit.

Segne diese Schulräume, segne alle, die hier lehren und lernen, und lenke ihre Herzen, damit sie immer auch dich, die Quelle der Wahrheit und des Lebens, erkennen.
Darum bitten wir dich durch Christus, unseren Herrn.

Segensgebet über die Kreuze

Herr, unser Gott,
diese Kreuze erinnern an den Tod und die Auferstehung deines Sohnes. Sie sollen uns an unserer Schule Zeichen dafür sein, dass wir uns nach dir ausrichten und an dir aufrichten können.
Lass uns nie vergessen, dass du mitten unter uns bist und unser Miteinander segnen und begleiten möchtest.
Du, der allmächtige und liebevolle Gott, der Vater, der Sohn und der Heilige Geist.

Segnen der Räume mit Weihrauch und Weihwasser

Die Kreuze werden von den Lektorinnen und Lektoren in einer kleinen Prozession zu ihrem Platz in den jeweiligen Räumen getragen. Währenddessen bleibt die Gottesdienstgemeinde am Ort und singt das Lied GL 245 »Komm, Schöpfer Geist«.

Vaterunser

Schlusssegen

Der Herr segne dich und behüte dich,
der Herr lasse sein Angesicht über dir leuchten und sei dir gnädig,
der Herr wende dir sein Angesicht zu und schenke dir Frieden.
Das gewähre euch der allmächtige Gott, der Vater, der Sohn und der Heilige Geist.

Lied

GL 266,1–3 »Nun danket alle Gott«

HUBERT VEESER SDS

In der Hilfe für andere scheint Gottes Liebe auf

Gottesdienstliche Feier zum Thema »Hilfsbereitschaft«

Zielgruppe

Schüler/innen der Sekundarstufen I und II

Vorüberlegungen

Schüler/innen übernehmen in der Schülermitverantwortung (SMV) Verantwortung, Schülermentor/innen in der Katholischen Studierenden Jugend (KSJ), die sich in einer Gruppe engagieren, helfen anderen. Hilfsbereitschaft ist eine Haltung, die sich jeden Tag neu in konkreten Situationen zeigt und bewährt. Sie ist selbstlos, nicht selbstsüchtig und nicht auf eigenen Gewinn bedacht. In der Hilfe für andere scheint Gottes Liebe auf, der ebenfalls anderen hilft – ohne Ansehen der Person oder des Standes, ohne etwas zurückzuerwarten oder gar etwas zu verlangen.

- Wie kann ich jemandem richtig helfen?
- Was tue ich eigentlich, wenn ich helfe?
- Wem »muss« ich helfen, wem ist noch zu helfen?
- Wo ist es »wüst« (wie in der Wüste), wenn ich nicht helfe?

Material

- eine Schale Sand
- »Rose von Jericho« oder andere Blume/Blüte und eine Schale mit Wasser
- Wüstenbilder (z. B. aus Israel)
- Kerze
- Bibel

Lied

EH 124 »Den Weg wollen wir gehen«

Begrüßung und liturgische Eröffnung

Meditative Annäherung

Die Teilnehmenden auffordern, in den in der Mitte liegenden Sand zu greifen, ihn durch die Hände rieseln zu lassen, die Hände einzugraben usw.

Welche Erinnerungen oder Erfahrungen mit Wüste gibt es in der Gruppe?
Im ruhigen Gespräch eine Beschreibung von »Wüste« entwickeln: Einsamkeit, Stille, Ort für besondere Begegnungen, Leere, lebensbedrohlich (vgl. z. B. auch »Der kleine Prinz«); Anhand der fünf Sinne ermitteln, was in der Wüste noch zu fühlen, zu schmecken, zu hören, zu spüren, zu sehen ist.

Lied

EH 18 »Dein Wort ist wie ein Regen«
Während das Lied gesungen wird, die Rose von Jericho wässern.

Schrifttext

Lk 10,29–37 Gleichnis vom barmherzigen Samariter

Aktualisierung des Bibeltextes

Mögliche Rückfragen zum Originaltext (Orte, Namen, »Berufe« der Handelnden) werden geklärt. Danach überlegt sich die Gruppe gemeinsam Aktualisierungsmöglichkeiten für den Bibeltext: Auf welche Situationen in der heutigen Zeit lässt sich der Text übertragen? Diese aktuelle Situation wird in den Bibeltext eingearbeitet und soll von der Gruppe pantomimisch dargestellt werden. Dazu werden die Rollen von der Gruppe neu bestimmt, z.B. die Räuber – eine Jugendgang, Samariter – ein türkischer Jugendlicher etc. Die Orte, aus denen die den Gottesdienst feiernde Gruppe stammt, werden anstelle der biblischen Orte Jericho und Jerusalem eingefügt, z. B. fährt ein Priester mit der U-Bahn von Stuttgart nach Gerlingen, eine Bande (die Räuber) steigt zu und will einen einzelnen KSJ-Leiter (ein Mann) verprügeln.
Ein/e Vorleser/in trägt danach den Text in aktualisierter Form vor. Dazu stellen einige Schüler/innen die Handlung pantomimisch dar. Wichtig ist das gemeinsame Spiel der aktualisierten Version. Der/die Gottesdienstleiter/in muss eventuell eingreifen, um die Namen oder Orte noch einmal klar anzusagen.

Ideen für ein Predigtgespräch

- Wie entschuldigen die nicht helfenden Personen in der Erzählung ihr Wegschauen? Sie könnten z. B. sagen, dass sie abgelenkt waren, gerade an etwas anderes gedacht haben oder dass sie Angst hatten.
- Wie erklären sie, warum sie nicht helfen können/konnten? Einer allein ist zu schwach gegen viele. Man will sich nicht schmutzig machen. Der Über-

fallene wird sich schon alleine wieder aufrappeln. Es ist unbequem und ein drängender Termin steht bevor, den man nicht verpassen will.

- Die zentrale Frage dieses Textes ist: Wer ist mein Nächster? Warum muss der Gesetzeslehrer das fragen? – Er will sich aus seiner Verantwortung, das Gute zu tun und dem Fremden zu helfen, herauswinden. Wenn er sehen und verstehen würde, bräuchte er keine weitere Anleitung.
- Wir sind zur Nächstenliebe fähig, weil Gott uns bereits liebt und wir seine Liebe weitergeben, mit-teilen können.
- In diesem Sinn kann also die lebensbedrohliche Wüste ein Ort der Wandlung, der Hoffnung und des Neuanfangs sein.

Lied

EH 158 »Weil wir von Hilfe leben«

Fürbitten und Vaterunser

Unter dem Wort des Jesaja »Die Wüste soll blühen« (Jes 35,1) Dank für die Gruppe und die Gelegenheit, zusammen Gottesdienst zu feiern. Einladung zu freien Fürbitten mit abschließendem Vaterunser.

Segen

Helfen, hinschauen, handeln wird von uns alltäglich erwartet. Es ist nicht immer leicht, Gutes zu tun. Aber wir wollen uns dieser Aufgabe stellen und bitten darum um Gottes Segen.
Gott segne uns heute und in der Zukunft und helfe uns zu helfen.

Lied

EH 60 »Herr, wir bitten: Komm und segne uns« oder
EH 110 »Bewahre uns Gott«

MICHAEL VOLZ

Angebote für besondere Anlässe und Gruppen

Die frohe Botschaft des Gesalbten Jahwes

Segensfeier vor einem Sozialpraktikum

Zielgruppe

Schüler/innen der Klassen 7 und 8, die vor einem Sozialpraktikum stehen

Vorüberlegungen

Schüler/innen, die an einem Sozialpraktikum teilnehmen, sollen mit dieser Andacht für ihre Aufgabe gestärkt werden. Die Andacht findet unmittelbar vor dem Sozialpraktikum statt, um die Schüler/innen einzustimmen und mit einer persönlichen Segnung zu stärken.

Material

- Tücher und Kerze zur Gestaltung der Mitte
- Papierkarten in zwei verschiedenen Farben
- vorbereitete Segenskärtchen
- Salböl
- CD-Player, meditative Musik

Meditative Musik zur Einstimmung

Begrüßung und Einführung

In der Mitte liegen Stifte und Karten in zwei verschiedenen Farben. Auf die Karten einer Farbe schreiben die Schüler/innen ihre Wünsche, auf die anderen Karten ihre Ängste.

Ihr geht nun in das Sozialpraktikum. Jeder und jede von euch wird Wünsche, aber auch Ängste und Bedenken haben. Ich lade euch ein, diese Wünsche, Bedenken und Ängste auf die Karten zu notieren und sie auf das grüne Tuch in der Mitte zu legen.

Während die Schüler/innen die Karten beschriften, läuft Meditationsmusik. Lehrer/innen lesen die Notizen der Schüler/innen vor.

Schrifttext

In der Bibel lesen wir bei Jesaja, dass Gott salbt, um die frohe Botschaft zu bringen. Diese Stelle wollen wir nun hören.

Jes 61,1–3a Der Geist Gottes ruht auf mir

Segnung

So wie Gott Jesaja gesalbt und zu den Armen geschickt hat, damit er ihnen die frohe Botschaft und Heilung bringe, so werdet nun ihr gesegnet, damit ihr gestärkt in euer Praktikum gehen könnt und dort ein Segen seid.

Jede/r Schüler/in wird einzeln gesegnet. Die Schüler/innen kommen getrennt nach Einrichtungsarten, in die sie gehen, nach vorne. Der/die Leiter/in spricht:

Sei gesegnet und gestärkt.

Wenn alle in der jeweiligen Gruppe gesegnet worden sind, wird die Gruppe – entsprechend den Einrichtungen – zusammen gesegnet. Anschließend erhält jede/r Schüler/in ein Segenskärtchen, auf dem der Segen notiert ist. Beispiele für Segensgebete:

ALTENHEIM

Sei gesegnet für dein Sozialpraktikum.
Mögest du in der Zeit im Altenheim wertvolle Begegnungen erfahren.
Ich wünsche dir Freude im Zusammensein mit den alten Menschen, Offenheit und Verständnis für ihre Lebensweise, menschliche Nähe und Wertschätzung im Miteinander.
Für diese Aufgabe segne dich Gott, der Vater, der Sohn und der Heilige Geist.

WERKSTATT FÜR GEISTIG- UND KÖRPERBEHINDERTE MENSCHEN

Gottes Segen soll dich bei deiner Arbeit mit Menschen mit Behinderungen stärken.
Sei offen für ihre Bedürfnisse, ihre Eigenschaften und ihre Möglichkeiten in der Arbeitswelt. Lerne so ihre Arbeit, ihren Alltag kennen.
Möge Gottes Segen euer Miteinander in gegenseitiger Achtung und Wertschätzung gelingen lassen.
Für diese Aufgabe segne dich Gott, der Vater, der Sohn und der Heilige Geist.

ALTENHEIM MIT DEMENZKRANKEN MENSCHEN

Gottes Segen soll dich im Sozialpraktikum mit demenzkranken Menschen begleiten.

Er mache dich offen für ihre Lebenswelt und begleite dich in einem guten, liebevollen Umgang mit ihnen.
Für diese Aufgabe segne dich Gott, der Vater, der Sohn und der Heilige Geist.

KINDERGARTEN UND SCHULE FÜR GEISTIG- UND KÖRPERBEHINDERTE KINDER

Sei gesegnet für dein Sozialpraktikum in einer Schule für geistig- und körperbehinderte Kinder.
Lass dich ein auf ihre Lebenswelt und erfahre ihre Stärken.
Sei bereit für eine offene Beziehung zu den Kindern.
Für diese Aufgabe segne dich Gott, der Vater, der Sohn und der Heilige Geist.
Nach jeder Segnung den Liedruf EH 62 »Geh mit uns« singen.

Schlusslied

EH 110 »Bewahre uns Gott«

SABINE BECK

Den Elementen auf der Spur

Spirituelle Wanderung

Zielgruppe

Schüler/innen der 4. Klasse

Vorüberlegungen

Für Kinder sind Spaziergänge in der Natur oft langweilig. Im Rahmen dieser spirituellen Wanderung sollen die Schüler/innen auf die Schönheit und Einzigartigkeit der Natur aufmerksam gemacht werden. Der Weg wird durch einzelne spielerische und spirituelle Stationen, die an die vier Elemente angelehnt sind, abwechslungsreich gestaltet.

Material

- Fallschirm, aufblasbarer Weltball
- buntes Papier DIN A5, wasserfeste Filzschreiber
- Stockbrotteig

Luft

Station auf einer großen Wiese mit weitem Blick in die Umgebung

Lied

EH 101 »Danke für diesen guten Morgen«

Aktion

Spiele mit Fallschirm und Ball

Die Geschichte von der Pusteblume

Auf einer großen, grünen Wiese wuchsen viele bunte Blumen. »Wie schön wir es hier haben«, sagte das Gänseblümchen. »Es ist alles so friedlich hier«, freute sich das kleine Veilchen. Nur der Löwenzahn mit seinen kräftigen, gezackten Blättern und seinem gelben Blütenstern maulte: »Hier ist doch nichts los. Ich möchte irgendetwas Besonderes erleben.« Jeden Morgen, wenn die Sonne hinter den Bäumen am Wiesenrand aufging, streckte er seine gelben Blüten so weit es ging dem Himmel entgegen. Eifrig schaute

er, ob es wohl etwas Neues zu entdecken gäbe. Immer wieder sah er Schmetterlinge, Bienen, Libellen und Hummeln. Sie alle waren stets in Eile und flogen kreuz und quer über die Wiese. Schnell waren sie verschwunden. »Wie wunderbar muss es sein, so in der Luft zu schweben und weit weg an andere Orte zu kommen«, seufzte der Löwenzahn traurig.
Die Zeit verging und eines Tages spürte der Löwenzahn, dass sich etwas an ihm veränderte. »Nun werde ich wohl bald sterben«, dachte er bei sich, »und doch habe ich nie etwas anderes gesehen als diese Wiese, das Gänseblümchen und das Veilchen.« Traurig schloss der Löwenzahn seinen Blütenkelch.
Als der Löwenzahn am nächsten Morgen erwachte, war er sehr verwundert. Er fühlte sich so leicht und beschwingt. Und tatsächlich: Sein gelber Blütenkranz hatte sich in ein leichtes, silbernes Tanzkleidchen verwandelt. Während der Löwenzahn sich noch ganz erstaunt umschaute und sich den anderen Blumen zeigte, blies ein kräftiger Wind über die Wiese und pustete kräftig in die Kugel aus Hunderten von silbernen Schirmchen hinein. Der Wind nahm sie alle mit und lustig flogen sie über die Wiese. »Adieu, Gänseblümchen, auf Wiedersehen kleines Veilchen«, konnte die Pusteblume eben noch rufen, aber dann hatte sie die Wiese schon hinter sich gelassen und war auf dem Weg in die weite Welt.

Lied

EH 162 »Wo Menschen sich vergessen«

Wasser

Station an einem Bach, einem See, einer Brücke oder einem Brunnen

Lied

EH 267,1–3 »Laudato si«

Austausch

Beobachtung und Gespräch über Wassererfahrungen

Schrifttext

Mk 4,35–41 Die Stillung des Sturmes auf dem See

Schreibarbeit

Kinder schreiben ihre Sorgen und Nöte auf das mitgebrachte Papier und falten daraus kleine Schiffe.

Gebet

Jesus, du bist mit deinen Freunden über den See gefahren.
Es kam ein Sturm und deine Freunde hatte Angst.
Manchmal haben wir auch Angst.

Manchmal tobt ein Sturm in uns,
wir ärgern uns,
wir sind wütend,
wir sind traurig.

Jesus, wir bitten dich, sei du uns dann nahe,
mach uns still,
damit wir wieder mutig und froh werden.
Jesus, sei du uns nahe und lass uns nicht allein.

Aktion

Die Papierschiffe werden auf das Wasser gesetzt und fortgetragen.

Erde

Station unter einem großen, freistehenden Baum

Lied

EH 267,4–6 »Laudato si«

Austauschrunde

Die Kinder tauschen sich über die bisherige Wegerfahrung aus.

Körperübung

Wir sehen unseren Platz,
sehen die anderen Kinder,
die auch ihren Platz haben,
einen Platz auf der Erde.

Wir können uns auf den Boden legen.
Wir liegen auf dem Rücken.
Unser Kopf liegt auf dem Boden,
er berührt den Boden.

Wir schauen noch einmal nach oben zum Himmel,
jetzt dürfen wir die Augen schließen.
Da spüren wir deutlich: Ich liege auf der Erde.
Ich spüre den Hinterkopf. Er ruht auf dem Boden.

Ich spüre meinen Rücken.
Der Rücken liegt fest auf dem Boden,
der ganze Rücken, von unten nach oben.
Die Erde trägt mich.

Ich spüre auch meine Beine.
Sie berühren an manchen Stellen den Boden.
Ich denke an mein rechtes Bein
und kann es langsam ein wenig heben
und wieder senken.
Ich lege das rechte Bein auf den Boden.
Die Erde trägt mein Bein.
Die Erde trägt mich.
(Ebenso mit dem linken Bein.)

Jetzt denke ich an meine Arme.
Ich denke an den rechten Arm.
Der rechte Arm liegt auf dem Boden.
Ich hebe den Arm etwas empor
und langsam senke ich ihn wieder,
lege ihn auf die Erde.
Die Finger spüren das Gras,
der Daumen spürt das Gras,
der Zeigefinger usw. …
(Ebenso mit dem linken Arm.)

Jetzt liege ich ganz fest auf dem Boden:
die Füße und Beine,
die Arme und die Hände,
der Rücken, der Kopf.
Ich liege auf der Erde.
Die Erde trägt mich.

Ich darf so liegen bleiben,
die Erde spüren, den Boden, der mich trägt.
Kurze Stille
Wir kommen wieder zusammen.
Und strecken unser rechtes Bein – und lassen es wieder los.
Wir strecken das linke Bein – und lassen es wieder los.
Wir strecken den einen Arm, bewegen unsere Finger und lassen wieder los.
usw.
Wir setzen uns hin und schauen, wer mit uns im Kreis sitzt.
Wir stehen auf, stellen uns auf die Erde.
Die Erde trägt uns.

Lied
EH 182 »Jeder Teil dieser Erde«

Feuer

Station an einer Feuerstelle

Lied
EH 140 »Einer hat uns angesteckt« oder
KiFa 248 »Lasst uns miteinander«

Indianisches Feuermärchen
In einem großen Wald lebt eine Eichhörnchenfamilie, Vater, Mutter, die Großmutter und das neugeborene Kind.
Die Eichhörncheneltern gehen täglich in den Wald. Sie sammeln Nüsse und verstecken sie an bestimmten Plätzen für den Winter. Sie sagen zur Großmutter: »Großmutter, wir müssen viel arbeiten, du aber hast Zeit für unser

Kind. Spiel mit ihm! Pass auf es auf! Du sollst ihm auch einen Namen geben, der zu ihm passt!«

Die Großmutter betrachtet das kleine Eichhörnchenkind mit Aufmerksamkeit und Liebe. Ja, sie will auf es aufpassen und es die Dinge des Waldes lehren. Da es einen weißen Streifen am Bauche trägt, nennt sie es Streifenhörnchen. Die Großmutter nimmt sich für ihr Enkelkind viel Zeit. Sie spielt mit ihm. Sie führt es jeden Tag in den Wald. Sie zeigt ihm die Bäume, die Nadelbäume, die Blätterbäume. Sie lehrt es, dass es im Wald viel Nahrhaftes gibt, die Zapfen der Tannen und Fichten, Nüsse aller Art, Eicheln, Bucheckern, Haselnüsse, Walnüsse. Sie zeigt ihm die Tiere des Waldes, solche, vor denen man sich in acht nehmen muss, wie den Wolf und den Fuchs und solche, die gute Freunde sind: Hase und Igel, Reh und Hirsch. Ja, die Großmutter führt das Streifenhörnchen jeden Tag zu einem anderen Ort im Wald. Eines Tages sagt sie zu Streifenhörnchen. »Du kennst schon vieles. Es ist die Zeit gekommen, dass du ganz allein den Wald durchstreifen kannst.«

Zunächst ist Streifenhörnchen erschrocken. Aber es vertraut der Großmutter. Es nimmt sich ein Herz und macht sich auf den Weg. Es ist anders, wenn man ganz alleine geht. Man kann hingehen, wohin man will. Streifenhörnchen entdeckt neue Orte. Ja, es vergisst bei seinem Entdecken ganz, dass es auch wieder umkehren und heimkehren müsste. Als es daran denkt, ist es schon Abend geworden. Es ist dunkel. Streifenhörnchen weiß, ich muss jetzt die Nacht im Wald verbringen. Ich muss mir einen Baum suchen, wo ich schlafen kann. Bald findet es auch einen Schlafplatz auf einem Baum, einem Baum, der große fleischige Blätter hat.

Nun sind diese Blätter nicht nur groß und fleischig, sondern auch sehr saftig. Ihr Saft ist dick und klebrig. Er tropft aus den Blättern. Er tropft auf das Streifenhörnchen, während es schläft. Es merkt nichts, bis zum Morgen. Als es aufwacht, sind die Augen verklebt. Es kann sie nicht mehr öffnen. Obwohl es Tag ist, ist alles für Streifenhörnchen dunkel, wie in einer finsteren Nacht. Es weiß nicht, wie es nach Hause finden soll.

In seiner Angst und Not riecht das Streifenhörnchen Rauch. Wo Rauch ist, ist Feuer, hat es die Großmutter gelehrt. »Ich will dem Rauch nachgehen. Ich will das Feuer suchen«, sagt das Streifenhörnchen. Ja, der Rauch führt Streifenhörnchen zu einem Feuer. Da will es bleiben und ausruhen. Das Feuer aber hat eine große Kraft. Es lässt schmelzen, was die Augen von

Streifenhörnchen verklebt hat. Es schmerzt, aber es öffnet die Augen. Streifenhörnchen kann wieder sehen.

Es kann alles ganz neu sehen, das Feuer, die Bäume, den Wald, sich selbst. Es findet auch den Weg nach Hause.

Zu Hause warten sie voller Sorge, die Mutter, der Vater. Die Großmutter weiß aber von allem schon Bescheid. Sie ist sehr weise. Sie kennt die Dunkelheit. Sie weiß, dass man ans Feuer muss, um neu sehen zu lernen. Sie sagt zu Streifenhörnchen: »Du hast das Feuer gefunden. Du hast viel vom Leben gelernt. Du bist jetzt groß geworden.«

FRANZ KETT

Aktion

Feuer führt zur Ver-Wandlung – Stockbrot backen

Lied

EH 61 »Komm, Herr, segne uns«

MACRA JOHA

Aufbrechen – Neues wagen

Morgenkreis zu Beginn einer Lehrerkonferenz

Zielgruppe

Kollegium

Vorüberlegungen

Die erste Konferenz zu Beginn eines neuen Schuljahres ist etwas Besonderes. Kollegen und Kolleginnen kommen mit ganz unterschiedlichen Gefühlen nach den Ferien wieder zusammen: motiviert, zuversichtlich, mit neuen Ideen, das Ziel klar vor Augen. Andere haben vielleicht Bedenken: Werde ich den Anforderungen gerecht? Werde ich den richtigen Weg einschlagen?
Wir alle kennen Abraham. Ihm ging es doch ähnlich!
Gott ruft ihn aus seiner sicheren Umgebung heraus, er soll sich auf den Weg machen – einfach Gott vertrauen. Die Verantwortung für seine Familie stellt ihn vor große Aufgaben. Abraham vertraut Gott. Wir können Abraham mit auf den Weg in das neue Schuljahr nehmen.

Material

- Stuhlkreis, braunes Tuch, Kerze, Streichhölzer
- Egli-Figuren: Abraham und Sarai, Schafe
- CD-Player, meditative Musik

Lied

EH 112 »Durch das Dunkel hindurch« oder
Lebenslinien 5 »Geh, Abraham, geh«

Einstimmung

Abraham – die Bibel nennt ihn zunächst Abram – gehörte mit seiner Sippe zu den Halbnomaden. Das waren Hirten, die sich auf ihren Wanderungen längere Zeit in nächster Nähe von Städten niederließen. Sie trieben Handel mit den Stadtbewohnern, lernten so deren Sitten, Bräuche und Religionen kennen und übernahmen manches. Solche Sippen hielten fest zusammen. Ihr Oberhaupt war der Vater, der Scheich; er bestimmte das ganze Leben.

Jede Sippe verehrte ihren eigenen Gott, den sie schlicht »Gott unseres Vaters« nannte, so z. B. »Gott Abrahams«.
Zur Sippe Abrahams gehörten auch Knechte und Mägde. Sein Hausklave hieß Elieser. Er könnte diese fast unglaubliche Geschichte erzählt haben:
»War das eine Aufregung damals. Endlich lebten wir in einem Land, in dem es alles gab: Wasserstellen und genügend Weiden. Wir waren in der näheren Umgebung der Stadt Haran in Mesopotamien. Wir hatten große Herden, waren geachtet und hatten Freunde.
Eines Tages kam Abraham, unser Herr, zu mir und sagte: ›Elieser, treibe die Herden zusammen, lass die Zelte abbrechen, wir wollen wegziehen von hier!‹ Wir waren sprachlos! Alles im Stich lassen? Unsere Freunde? Das schöne Land? Weswegen? War unser Herr plötzlich verrückt geworden?
Abraham erklärte: ›Es ist meines Gottes Willen, da gibt es nichts zu überlegen!‹ ›Was für ein Gott denn?‹, grübelten wir; wir haben ja so viele. Meint er vielleicht einen seiner Hausgötter, die er von seinem Vater geerbt hat? Oder einen der hiesigen Götter, die wir auch anrufen, seit wir hier sind? Unvorstellbar. ›Wegen eines Gottes gibt man doch nicht alles auf‹, sagten wir. Abraham war beharrlich – keiner wagte mehr, weiter zu widersprechen. Er war schließlich der Herr und wir waren immer gut mit ihm gefahren.
Trotzdem weinten viele, als wir losziehen mussten, vor Trauer, Ungewissheit und Angst! Wie wird das enden?
Abraham sagte immer wieder: ›Vertraut mir so, wie ich dem vertraue, der mit mir zieht.‹ – Und tatsächlich, kaum zu glauben: Eines Tages sahen wir von einem Berg aus ein weites Land. Abraham streckte seine Hand aus und sagte: ›Mein Gott schenkt uns dieses Land! Meine Nachkommen werden in großer Zahl dort leben und ihre Herden weiden lassen.‹
Und er begann, Steine zusammenzutragen und errichtete einen Altar. Nach diesem fast unendlichen Marsch hatte er nichts Eiligeres zu tun, als seinem Gott zu danken!
›Merkwürdig‹, dachten wir, ›wie kann er nur so sicher sein?‹«
Meditative Musik

Gebet

Mein Leben gleicht einem Weg.
Manchmal geht es steil bergauf und ich weiß nicht, wie ich ankommen soll.

Manchmal geht es steil bergab und ich weiß nicht, wie es ausgehen wird. Manchmal fehlt mir deswegen der Mut zum Losgehen, zum Aufbrechen, zur Entscheidung.
Deshalb bitten wir:
Liedruf: EH 62 »Geh mit uns«

Mein Leben gleicht einem Weg.
Auf manchen Wegen bin ich in Gesellschaft, manche Wege machen mich einsam.
Manchmal warten Menschen darauf, mitgenommen zu werden, hoffen auf Begleitung und ich gehe vorüber, lasse sie stehen.
Manchmal suche ich jemanden, dem mein Weg nicht gleichgültig ist, und finde keinen.
Deshalb bitten wir:
Liedruf

Mein Leben gleicht einem Weg.
Auf manchen Wegen möchte ich umkehren, weil ich nicht weiß, ob es der richtige Weg ist, ob es dein Weg ist.
Lass uns auf dem richtigen Weg durch das kommende Schuljahr gehen.
Lass uns einander helfen und gute Wegbegleiter sein.
Deshalb bitten wir:
Liedruf

Vaterunser

Segensgebet

Unser Gott, dem keine Wege fremd sind, gehe mit uns.
Er stärke unseren Mut und führe uns sicher, wenn wir zu neuen Wegen und in ein neues Schuljahr aufbrechen.
Dazu segne uns Gott, der Vater, der Sohn und der Heilige Geist.

Lied

EH 110 »Bewahre uns, Gott«

DANIELA LEHN-EISELE

Meine Lieder sing ich dir von Liebe und von Ewigkeit

Besinnlicher Elternabend

Zielgruppe

Eltern

Vorüberlegungen

Bei den Wörtern ›Elternabend‹ bzw. ›Klassenpflegschaftsabend‹ kommen in jedem von uns die unterschiedlichsten Assoziationen und Erlebnisse hoch. Was für Lehrerinnen und Lehrer Alltag und Notwendigkeit ist, mag für die Eltern manchmal eine Pflichtveranstaltung, manchmal hoffentlich aber auch ein informativer und interessanter Abend sein.

Der Beginn der Schulpflicht eines Kindes bietet die Möglichkeit, ein ›Pausenzeichen‹ in die eigene Lebensmelodie zu setzen. Ein ›Pausenzeichen‹, das ermöglichen soll, auf sich, auf die eigene Familie, auf das Leben insgesamt zu schauen. Da dies vielleicht eher ungewohnt ist, ist diese Abendveranstaltung ein Versuch, ein solches ›Pausenzeichen‹ für die Eltern (nicht nur) der ersten Klasse anzubieten.

Bereits in der Einladung werden die Eltern deshalb darauf aufmerksam gemacht, dass dieser Elternabend anders ablaufen wird als sonst und sie sich an diesem Abend zurücklehnen und einfach dabei sein dürfen.

Material

- Diaprojektor
- CD-Player
- gegebenenfalls eine Leinwand
- gezielte Auswahl von Liedern von Reinhard Mey (s. u.)
- Auswahl der Bibeltexte (s. u.)
- Texthefte, in denen Lied- und Bibeltexte abgedruckt sind

Einführung

Sie dürfen sich heute einfach einmal zurücklehnen und ganz auf die Reise gespannt sein, auf die wir uns in den kommenden 75 Minuten begeben werden. Die Einschulung Ihres Kindes ist ein wichtiger Punkt auf Ihrer ganz persönlichen Lebensreise. Hier bietet es sich an innezuhalten und auf das Leben im Ganzen und der Familie im Speziellen zu schauen. Wir hören zu jeder Station dieser Reise ein Lied des Liedermachers Reinhard Mey, der in seiner Musik viele wichtige Themen und Ereignisse aufgegriffen hat, die wir alle auf unserem Lebensweg erfahren. Zu jedem Lied habe ich eine passende Bibelstelle ausgewählt, die ich Ihnen jeweils vorlesen werde.

Meditation

Die Eltern erhalten ein Textheft, um die Liedtexte mitlesen zu können. Es wird jeweils zuerst das Lied gespielt und nach einer kurzen Pause der biblische Text vorgelesen. In Klammern ist jeweils das Album genannt, auf dem das Lied zu finden ist.

»Ich hab meine Rostlaube tiefergelegt« (Farben)
Hld 3,1–4; 4,9–11

»Meine Freundin, meine Frau« (Immer weiter)
Hld 4,1–7; 5,9–16

»Eine Narbe bleibt zurück« (Ich liebe dich)
1 Kor 13,1–13

»Wir« (Mit Lust und Liebe)
Psalm 13

»Die erste Stunde« (Mein Apfelbäumchen)
Lk 2,4–6

»Du bist ein Riese, Max« (Alles geht)
Mt 3, 13–16

»Zeugnistag« (Mein Apfelbäumchen)
Lk 15,11–24

»Aller guten Dinge sind drei« (Mein Apfelbäumchen)
Mk 10,13–16

»Allein« (Farben)
Psalm 22 (Auszüge)

»Hab Dank für Deine Zeit« (Balladen)
Joh 13,1–15

»Selig sind die Verrückten« (Immer weiter)
Mt 5,2b–12

Zum Abschluss den Eltern die Möglichkeit geben, sich in Kleingruppen auszutauschen.

REINER LEHMANN

Gespannt bis zum Äußersten

Entspannungsimpuls vor Prüfungen

Zielgruppe

Schüler/innen der Sekundarstufen I und II

Vorüberlegungen

Das Schuljahr ist fast zu Ende und wie jedes Jahr stehen die Prüfungen an. Langsam aber sicher macht sich mehr und mehr eine Unruhe breit, die manch eine/n der Schüler/innen nicht mehr ruhig schlafen lässt.
Am Morgen vor Beginn einer Prüfung kann allen Schüler/innen in einem dafür eigens ausgewiesenen Raum an der Schule die Möglichkeit angeboten werden, noch einmal zur Ruhe zu kommen und sich zu entspannen.

Material

- Tücher, Blumen oder Topfpflanze, Kerze für eine gestaltete Mitte
- Teelichter, Zündhölzer, Jongliertücher (bunt), Fallschirmtuch an der Zimmerdecke befestigt – wie ein Zelt über den Raum gespannt
- Muscheln, gesägte Aststücke, eine Baumscheibe
- kleine Astscheiben für alle Teilnehmenden
- CD-Player, meditative Musik

Hinweise

Mit Tüchern, Bildern und verschiedenen Gegenständen wird ein Raum so verändert, dass nichts mehr an ein Klassenzimmer erinnert. Es sind keine Stühle und Tische im Raum. Ruhige Musik läuft im Hintergrund.
Der Raum wird eine Stunde vor Prüfungsbeginn geöffnet. Ambiente und Musik laden zum Verweilen ein. Die Schüler/innen kommen zur Ruhe, betrachten und befühlen die ausgelegten Gegenstände und Bilder.

Begrüßung

Viele Schulwochen und manche Schuljahre liegen hinter uns, wenige Tage mit Prüfungen vor uns. Hat sich die Mühe gelohnt? Fahren wir jetzt die Ernte ein?
Gespannt richten wir unseren Blick auf das, was kommen wird.

Die Schüler/innen zu einer Ruheübung anleiten: Augen schließen – Atmung kontrollieren und beruhigen – Körper entspannen – sich den eigenen Schwingungen hingeben.

Übungen zur Entspannung

Ziel ist, über körperliche Anspannungen zur geistigen/körperlichen Entspannung zu gelangen.

- *Eine hilfreiche Übung bei Verspannungen ist ein »fester Griff« im Nacken. Ein/e Schüler/in drückt einem/einer anderen mit Fingerinnenflächen und Daumenballen die Nackenmuskeln ca. 20 Sekunden fest zusammen (so fest es der/die andere aushält). Bei zweimaliger Wiederholung kann eine muskuläre Entspannung festgestellt werden. Die Partner wechseln anschließend die Position.*
- *Zur Kreislaufstabilisierung trägt eine andere Übung bei: das »Zimmerjogging«. Dreißig Sekunden auf der Stelle laufen, dabei weich abfedern und die Arme mitführen.*
- *Ebenfalls zur Stabilisierung des Kreislaufs dient das »Apfelpflücken«: sich im Stehen recken und abwechselnd mit linker und rechter Hand weit nach oben greifen (zehn Mal).*
- *Eine besondere Form der Entspannung und Förderung der Konzentrationsfähigkeit ist das Jonglieren mit drei Tüchern. Hilfreich ist es, die Technik des Jonglierens schon vorher eingeübt zu haben.*

Spiritueller Impuls

So ist unser Leben!

Unterricht – Hausaufgaben – Klassenarbeiten – Pflicht – Anstrengung – Stress und Prüfungen – das ist das eine.

Loslassen – sich entspannen – ausruhen – tun und lassen können, was Spaß macht – das ist das andere.

So ist unser Leben. – Vergleichen wir es mit einem Baum:

Wie bei einem Baum – Ring um Ring – legen sich die Erfahrungen und Jahre unseres Lebens um uns – um unsere Mitte.

Baumscheibe oder Bild einer Baumscheibe in die Mitte legen.

Diese Baumscheibe zeigt es uns. Sie ist ein Stück Natur mit einer Geschichte, die sich entwickelt hat. In der Mitte hat das Leben begonnen, hier hat der Wuchs des Baumes seinen Anfang genommen. Vom dünnen und

noch schwachen Pflänzchen, entstanden aus einem noch winzigeren Samenkorn, zum Baum, um dessen Kern sich Jahr für Jahr ein neuer Ring legt.
Jeder Ring hat eine andere Form. Ein gutes Jahr setzt kräftige Zeichen, ein sparsames Jahr lässt den Ring wenig wachsen. Verborgen in den Jahresringen liegt die gelebte Zeit. Hinter der Rinde wächst still und langsam der Baum. Ein Bild, das auch auf uns übertragbar ist:
Auch ich wachse und reife – manchmal ohne es zu merken. Mein Leben zieht Kreise, wie Ringe um meine Mitte.
Ein solcher Lebensring ist im Entstehen. Die Prüfungen, die vor mir liegen, werden diesen Kreis schließen. Ich kann meiner Kraft vertrauen. Ein Baum muss Wind und Wetter trotzen – ich kann das auch.
Ich weiß, dass mir Kraft und Leben geschenkt sind, um weiter und größer zu werden. Ich weiß, dass ich alles habe, was nötig ist, um mit meinen Grenzen zurecht zu kommen. Ich weiß mich getragen und gestützt von einer unendlich großen Kraft – von Gott.

Segensworte

Psalm 139,1–5 vorlesen.

Und so segne uns und stehe uns bei der gütige und helfende Gott, im Namen des Vaters und des Sohnes und des Heiligen Geistes.

Abschluss

Nehmt diese kleine Baumscheibe mit in die Prüfung. Sie soll euch an die Kraft erinnern, die in euch steckt und euch vollenden lässt, was ihr begonnen habt.

Alle Anwesenden erhalten eine kleine von einem Ast abgesägte Baumscheibe.

JÜRGEN KARASCH

Josef und die Menschwerdung Gottes

Meditationsreihe im Advent

Zielgruppe

Schüler/innen der Sekundarstufe II, Lehrer/innen, Eltern

Vorüberlegungen

Die Frage, was Advent mit meinem Alltag zu tun hat, kann zu einer persönlichen Reise mit mehreren Stationen werden: zum Verweilen, zum Weitergehen, zum Entdecken. Das Bild von Josef und seiner Begegnung mit der Menschwerdung Gottes lässt uns die Adventszeit bewusster erleben.

Die Impulse können entweder am Stück (Dauer: ca. 1,5 Stunden) oder als eine Meditationsreihe am Morgen oder am Abend (fünf Tage, jeweils 10–15 Minuten) verwendet werden.

Im Raum wird ein Stuhlkreis mit gestalteter Mitte benötigt.

Material

- Texte und Kunstpostkarten in der Anzahl der Teilnehmenden. Das Bild »Joseph und die Menschwerdung Gottes« von Beate Heinen ist als Kunstpostkarte erhältlich bei ars liturgica Kunstverlag, 56653 Maria Laach (Bestellnr. 405481)
- Tücher zum Abdecken der Bilder
- Zettel, Stifte, Plakat
- kleine Stoffreste (20 x 20 cm), Geschenkband, Schere
- Teelichte, Streichhölzer

Das Bild liegt mit Tüchern zugedeckt in der Mitte.

Begrüßung und Einführung

Advent ist nichts anderes als ein drastischer Einschnitt – Gott bricht in das Leben der Menschen ein, mitten in den normalen Alltag. Advent ist nichts anderes als die unerwartete Begegnung mit Themen aus meinen Träumen: Josef wird von ungewöhnlichen Träumen geplagt, die rasch Realität werden. Advent ist nichts anderes als die Begegnung mit mir selbst und meinen dunklen Seiten: Da ist hin und wieder das Erschrecken über die Ausmaße menschlicher Möglichkeiten und Taten, auch konkret das Erschrecken über mich selbst und das Gefühl von Ohnmacht und Vergeblichkeit.

Advent ist nichts anderes als die Zusage Gottes, sich auf unsere Seite zu begeben und uns entgegenzukommen. Die Grundverfassung des Lebens ist immer adventlich: Grenzerfahrungen, Hunger und Durst, Unerfülltheit – und gleichzeitig Verheißung und Wegweisung.

Diese Adventsbewegung von Grenzerfahrung und Zusage Gottes wirft Josef, den Verlobten Marias, ständig aus der Bahn. Josef ist »der Mann, in dessen Leben Gott dauernd eingreift mit neuen Weisungen und Sendungen. Die eigenen Pläne werden stillschweigend überholt. Immer neue Weisung und neue Sendung, neuer Aufbruch und neue Ausfahrt. Er ist der Mann, der sich eine bergende Häuslichkeit im stillen Glanze des angebeteten Herrgotts bereiten wollte und der geschickt wurde in die Ungeborgenheit des Zweifels, des belasteten Gemütes, des gequälten Gewissens, der zugigen und windoffenen Straßen, des unhäuslichen Stalles, des unwirtlichen fremden Landes. Und er ist der Mann, der ging« (P. Alfred Delp SJ: Gesammelte Schriften IV, S. 199f).

Wir können die vielschichtigen Bedeutungen von Advent im Bild von Beate Heinen anschauen, indem wir es in seinen Elementen entfalten.

1. Ausschnitt

Abschnitt links oben aufdecken.

Josef ist mit Maria verlobt. Alles ist zunächst ganz normal: Josef hat einen Beruf, geht arbeiten, hat eine Braut, sieht zuversichtlich in die Zukunft – ein ganz normales Alltagsleben. Bis ihn Maria mit der neuen Wirklichkeit konfrontiert: Sie ist schwanger, aber nicht von ihm.

Matthäus 18–19 vorlesen.

Impuls

Was heißt das für Josef? Wie wird das sein Leben verändern oder nicht verändern?

Kurze Stille

Mit welcher harten Wirklichkeit wurde ich in letzter Zeit konfrontiert? Was musste ich erleben oder mir anhören, was ich nicht wollte? Welche Gefühle weckt das in mir?

Joseph und die Menschwerdung, Beate Heinen 1991

Wie stelle ich mich dazu?

Teilnehmer/innen einladen, zu diesen Fragen eine Körperhaltung (sitzend) einzunehmen, danach einen Satz oder ein Wort dazu zu finden und laut zu sagen. Falls es nicht mit dem zweiten Ausschnitt weitergeht:

Gebet zum Abschluss

Teilnehmer/innen einladen, sich im Kreis aufzustellen.

Aufrecht und aufmerksam stehe ich vor dir, Gott meines Lebens.

In diesem Moment möchte ich alle meine Sorgen und Ängste in deine Hände legen.
Ich warte auf dich. Du bist an meiner Seite.
Lehre mich, mit deinem liebenden Blick mein Leben anzuschauen,
damit ich dich darin entdecken kann.
FREI NACH DAG HAMMARSKJÖLD

2. Ausschnitt

Mittleres Bildelement aufdecken.
Josef grübelt und überlegt, was er jetzt machen soll.
Im Traum spricht Gott zu Josef. Sein Engel tröstet ihn, erklärt ihm, was er nicht versteht, und gibt ihm einen Hinweis für die Zukunft. Jetzt weiß Josef, wer aus seinem einspurigen Leben plötzlich eine Kreuzung gemacht hat. Aber die Entscheidung liegt bei ihm, ob er der Verheißung Gottes traut.
Mt 1,20–21 vorlesen.

IMPULS
Widrige Situationen, schmerzliche Begegnungen, leidvolle Erfahrungen bilden in unserem Leben immer wieder Kreuzungen: Gehe ich links, rechts, geradeaus oder zurück? Und worin liegt Gottes Trost für mich?
Ein Plakat mit einer aufgezeichneten Kreuzung in die Mitte legen und die Teilnehmenden einladen, ein Bild, ein Gefühl, ein Wort in sich aufsteigen zu lassen und dies auf das Plakat zu schreiben. Ein kurzer Austausch darüber schließt sich an.
Versuchen wir in der Stille hellhörig zu werden, und falls mir jetzt nichts kommt, in den kommenden Nächten auf meine Träume zu achten.
Gebet zum Abschluss wie beim ersten Teil.

3. Ausschnitt

Bildabschnitt rechts oben aufdecken.
Josef bleibt bei Maria und zieht mit ihr nach Betlehem, in die Stadt seiner Väter. Dass Josef sich trotz der Umstände auf den Weg macht, kostet Kraft. Aber er hat auch Maria an seiner Seite, die sich der Zusage von Gott sogar körperlich bewusst ist.
Mt 1,22–23 vorlesen.

Impuls

Die Aufbrüche von Josef und Maria sind von Gott begleitet. Trotzdem ist es unterwegs kalt, steinig, unbequem. Aber der Engel Gottes entzündet mit seinen Worten ein Licht in ihnen, er bringt etwas in ihrem Leben zum Leuchten, was sonst blass und nichtssagend wäre. Es gibt etwas, das die harten Farben ihres Lebens abmildert: Es muss etwas mit ihrer Kraft zu tun haben, Gott zu trauen.

Das kann ich auch ausprobieren, indem ich bei allem, was sich mir in den Weg stellt, zuerst stehen bleibe und Gott frage: Gott, meines Lebens, was gibt das jetzt? Was soll das? Soll ich jetzt kämpfen oder alles einfach mal auf mich zukommen lassen?

Wenn ich mich erinnere an die Haltung von vorhin (beim 1. Bild), an die Situation, die mir einfiel: Gibt es dabei auch eine Zusage Gottes für mich, die mir jetzt einfällt?

Die Teilnehmenden einladen, diese Zusage auf kleine Zettel aufzuschreiben und sie sichtbar in ihrem Alltag zu platzieren: an Schreibtisch, Kühlschrank, Nachttisch, im Portemonnaie.

Gebet zum Abschluss wie beim ersten Teil.

4. Ausschnitt

Bildabschnitt unten links aufdecken.

Josef hält sein neugeborenes Kind in den Händen. Es ist, als ob der Engel Gottes selbst den Stern antippt und zum Leuchten bringt.

Mt 1,25b vorlesen.

Impuls

Für Josef steigt ein strahlender Stern auf, ihm geht ein Licht auf und gleichzeitig scheint ihn das »aufstrahlende Licht« zu berühren. Etwas sehr Kostbares ist ihm geschenkt worden. Es ist *der* Moment in seinem Leben, der alle anderen überstrahlt. Der Moment, von dem er sein Leben lang zehren kann. Es gibt solche strahlenden Momente, solche Sternstunden: in Beziehungen, in meiner Geschichte mit Gott … Sie sind selten und kostbar. Umso wichtiger ist, dass wir sie uns immer wieder ins Gedächtnis rufen, damit wir diesen Stern, dieses Licht nicht vergessen.

Aus diesem Licht betrachtet, sieht mein Leben vielleicht anders aus – so wie der Stern die Lebenssituation des Josef in ein anderes Licht rückt.

Ich nehme mir Zeit, mich an meine Sterne, meine Lebenslichter zu erinnern.

Die Teilnehmenden einladen, für jede Erinnerung ein Teelicht zu entzünden und sich über ihre »Sternstunden« auszutauschen.

Gebet zum Abschluss wie beim ersten Teil.

5. Ausschnitt

Bildabschnitt unten rechts aufdecken.

Josef flieht mit Maria und dem Neugeborenen in ein fremdes Land. Statt sich nun als junge Familie häuslich einrichten zu können, beginnt eine mühevolle Flucht.

Mt 3,14–15 vorlesen.

Impuls

Und wieder machen Josef und Maria die Erfahrung: Wir sind von Gott gesegnet, aber trotzdem weht uns der Wind ins Gesicht. Und das, was Gott uns geschenkt hat, zu beschützen, entwickelt sich zum Gegenteil all dessen, was wir uns für unser Leben gewünscht haben.

Ich versuche, meine jetzige Lebenssituation wahrzunehmen: Was ist mir geschenkt?

Ich kann versuchen, mich innerlich zurückzulehnen, mich gleichsam an Gott anzulehnen und zu sagen: Gott, meines Lebens, was ist jetzt wichtig?

Körpergebet

Die Teilnehmenden auffordern, sich mit beiden Füßen fest auf den Boden zu stellen (Zeit lassen zum »einwurzeln«); einen Augenblick bei ihrem Atem zu verweilen, der alleine kommt und geht; und die Hände langsam vor dem Bauch zu einer Schale zusammenzuführen.

Du, Gott, beschenkst mich mit Menschen und Momenten,
die für mich zum Segen werden können.
Zeige mir, was wichtig für mich ist und was ich gut schützen soll.

In dieser Gebetshaltung für einige Minuten in Stille bleiben.

Das, was Gott mir schenkt und zeigen möchte, behalte ich wie einen Schatz.

Ich halte die eine Hand schützend über die andere, damit der Wind es nicht wegweht.

Impuls

Wenn ich jetzt schon weiß, was ich beschützen möchte, was mir wichtig ist, kann ich es auf einen kleinen Zettel schreiben und diesen in ein Stofftuch einwickeln und mit Geschenkband zubinden.

Gebet zum Abschluss wie beim ersten Teil.

BRIGITTE LOB

Unsere Welt mit Licht erfüllen

Frühschichten in der Adventszeit

Zielgruppe

Schüler/innen der Sekundarstufe I, Lehrer/innen, max. 25 Teilnehmende

Vorüberlegungen

Schüler/innen wie Lehrende sollten den Lebens- und Lernort Schule als etwas Tragendes und Verbindendes erfahren, gestützt auf die Begegnung mit meditativ-christlichen Inhalten der Adventszeit.
Die Frühschicht ist ein meditativer Tageseinstieg. Alle Teilnehmenden sitzen im Stuhlkreis um eine gestaltete Mitte. Die Besinnung dauert etwa 15–20 Minuten. Als Ort eignet sich ein ruhig gelegenes Klassenzimmer, das verdunkelt werden kann.

Frühschicht 1: »Unsere Welt mit Licht erfüllen«

MATERIAL

- Für die Mitte: bunte Tücher, Adventskranz, Teelichter auf Pappstern in der Anzahl der Teilnehmenden
- CD-Player und meditative Musik
- Geschichte
- »Lichttexte« von Schüler/innen; sie können z. B. im Religionsunterricht vorbereiten werden: »Ich kann in meiner Familie/in der Schule/für meine Freundin wie Licht sein, wenn …«

Meditative Musik empfängt die Schüler/innen im Raum. Die Leitung begrüßt die Anwesenden und zündet die Kerzen des Adventskranzes an.

LIED

EH 190 »Wir suchen den Weg«

GESCHICHTE: DIE HALLE DER WELT MIT LICHT ERFÜLLEN

Ein König hatte zwei Söhne. Als er alt wurde, wollte er einen der beiden zu seinem Nachfolger bestellen. Er versammelte die Weisen seines Landes und

rief seine beiden Söhne herbei. Er gab jedem der beiden fünf Silberstücke und sagte: »Füllt für dieses Geld die Halle in unserem Schloss bis zum Abend. Womit, das ist eure Sache.« Die Weisen sagten: »Das ist eine gute Aufgabe.« Der älteste Sohn ging davon und kam an einem Feld vorbei, wo die Arbeiter dabei waren, das Zuckerrohr zu ernten und in einer Mühle auszupressen. Das ausgequetschte Zuckerrohr lag nutzlos umher. Er dachte sich: »Das ist eine gute Gelegenheit, mit diesem nutzlosen Zeug die Halle meines Vaters zu füllen.« Mit dem Aufseher der Arbeiter wurde er einig und sie schafften bis zum späten Nachmittag das ausgedroschene Zuckerrohr in die Halle. Als sie gefüllt war, ging er zu seinem Vater und sagte: »Ich habe deine Aufgabe erfüllt. Auf meinen Bruder brauchst du nicht mehr zu warten. Mach mich zu deinem Nachfolger.« Der Vater antwortete: »Es ist noch nicht Abend. Ich werde warten.«
Bald darauf kam der jüngere Sohn. Er bat darum, das ausgedroschene Zuckerrohr wieder aus der Halle zu entfernen. So geschah es. Dann stellte er mitten in die Halle eine Kerze und zündete sie an. Ihr Schein füllte die Halle bis in die letzte Ecke hinein. Der Vater sagte: »Du sollst mein Nachfolger sein. Dein Bruder hat fünf Silberstücke ausgegeben, um die Halle mit nutzlosem Zeug zu füllen. Du hast nicht einmal ein Silberstück gebraucht und hast sie mit Licht erfüllt. Du hast sie mit dem gefüllt, was die Menschen brauchen.«
VON DEN PHILIPPINEN

Aktion

Jede/r Schüler/in zündet ein Teelicht an. Die erste Kerze wird am Adventskranz entzündet, alle weiteren im Kreis herum nacheinander. Dazu läuft meditative Musik.

Ich kann wie Licht sein

Licht ist ein Zeichen für das Gute in unserer Welt. Wir alle können uns für Gutes in unserem Leben einsetzen. Wie das gehen kann, sagen uns jetzt einige von uns:
Schüler/innen lesen ihre »Lichttexte« vor.

GEBET

Guter Gott,
du bist das Licht meines Lebens.
Erhelle meine dunklen Seiten,
damit ich in meinem Alltag das Schöne finden kann.
Sei besonders auch bei denen,
die Dunkles und Trauriges erleben müssen.
Stilleminute oder Lied vom Beginn wiederholen.

SEGEN

Möge uns der barmherzige und gütige Gott
mit dem Licht des Lebens erfüllen.
Möge er die Dunkelheiten in uns wandeln
in Hoffnung und Glück.
Möge er uns leuchten auf all unseren Wegen,
heute, morgen und in alle Ewigkeit.

Frühschicht II: »Ich sehe rot«

MATERIAL

- Für die Mitte: rote Tücher, Adventskranz, (rote) Teelichter auf Pappsternen.
- CD-Player, meditative Musik, Lied »Und wenn ein Lied« (Söhne Mannheims, CD »NOIZ«)
- Sieger-Köder-Bibel, Meditationsbilder oder Postkarten
  Das Bild »Der brennende Dornbusch« von Sieger Köder ist als Meditationsbild (Bestellnr. 842 D) oder als Postkarte (Bestellnr. SK 281) erhältlich beim Kunstverlag Ver Sacrum, Schulergasse 1, 72108 Rottenburg oder unter www.versacrum.de.
- vorbereitete »Rot-Texte« von Schüler/innen zur Frage: Woran denke ich, wenn ich die Farbe Rot sehe?

Meditative Musik empfängt die Schüler/innen im Raum, Teelichter brennen. Die Leitung begrüßt die Teilnehmenden, zündet die Kerzen des Adventskranzes an und lenkt die Aufmerksamkeit der Teilnehmenden auf die Farbe Rot in der Mitte.

Symbolfarbe Rot

Schüler/innen lesen ihre Texte vor.

Bildbetrachtung

Stichworte: Mose sah »rot« – Wutanfall in Ägypten, Ängste und Dunkelheiten beherrschten sein Leben, Gotteserfahrung veränderte sein Leben – roter/brennender Dornbusch, Gott war wie ein Feuer für ihn, das Liebe spürbar macht, stark und hell

Aktion

Teilnehmer/innen holen ihr Teelicht aus der Mitte zu sich vor ihren Platz.

In dem Lied, das wir nun hören, begegnen uns einige dieser Gedanken wieder. (Liebe, Nacht – Dunkelheit, keine Ängste, was gibt mir Durchblick ...)

Das Lied »Und wenn ein Lied« abspielen, währenddessen eine Schale, in der eine brennende Kerze steht, im Kreis herumreichen.

Stilleminute

Segen

Der liebende Gott bleibe allezeit bei uns,
damit wir uns wärmen können
wie Menschen, die an einem Feuer sitzen.
Gottes wärmendes Licht entzünde auch in uns das Feuer der Liebe,
heute, morgen und in alle Ewigkeit,

HARALD SCHULZ

Auf dem Weg nach Emmaus

Unterrichtsstunde in der Osterzeit

Zielgruppe

Schüler/innen der Klassen 1–3

Vorüberlegungen

Da Ostern in die Ferienzeit fällt, wird die Erzählung von der Passion und Auferstehung Jesu oft im Unterricht vorweggenommen. Die Emmaus-Erzählung bietet sich daher als Weiterführung der Ostererzählung nach den Ferien an.

Die Emmaus-Erzählung soll für Kinder ganzheitlich erfahrbar werden: Daher werden Elemente der Kett-Methode (nach Franz Kett) und biblische Erzählfiguren (nach Doris Egli) miteinander verknüpft.

Die biblischen Erzählfiguren stehen für die Jünger, die Kerze für den auferstandenen Jesus: Damit wird einerseits betont, dass Jesus den Jüngern »erschienen« ist, andererseits kann uns die Kerze auch heute noch an Jesus erinnern.

Weil der Schwerpunkt auf dem Brotbrechen liegt, kann der Impuls auch im Rahmen der Erstkommunion-Vorbereitung eingesetzt werden.

Material

- Jesus-Kerze, zwei biblische Erzählfiguren
- je ein schwarzes, braunes und gelbes Tuch und weitere bunte Tücher
- ein einfaches Holzkreuz, ein größerer Stein
- ein Fladenbrot
- evtl. eine Kinderbibel

Begrüßung

Ein gelbes Tuch wird im Stuhlkreis ausgebreitet. (Manchen Kindern fällt bereits die Assoziation von Licht, Sonne … ein.)

In unserer Mitte ist ein Haus, das hell leuchtet. Alle verbinden sich zu einem Haus: Wir stellen uns um das Tuch in der Mitte, halten uns an den Händen und formen miteinander ein weites Dach.

Die Jesus-Kerze wird auf das gelbe Tuch gestellt und entzündet.

Lied

EH 20 »Schweige und höre«

Einstimmung auf die Emmaus-Erzählung

Ein schwarzes Tuch wird zusammengeballt und ebenfalls in den Kreis gelegt – mit genügend Abstand zum gelben Tuch.

Es ist ganz dunkel. Was ist dort geschehen?

Der/die Lehrer/in legt das Kreuz und einen Stein auf das dunkle Tuch. Die Kinder erinnern sich daran, wie Jesus gestorben ist und begraben wurde.

Die Emmaus-Erzählung

Die Emmaus-Erzählung wird in einfacher Sprache (frei oder mit Hilfe einer Kinderbibel bzw. der Erzählvorlage) den Kindern erzählt. Dabei wird die Erzählung durch Schlüsselszenen vertieft.

1. Szene: Zwei Jünger sind auf dem Weg von Jerusalem in das Dorf Emmaus

Ich möchte euch von zwei Männern erzählen, die traurig waren. Es waren Freunde von Jesus. Sie waren sehr traurig, weil Jesus gestorben war. Deshalb gingen sie ganz langsam und ließen den Kopf hängen. Sie wollten nichts mehr sehen.

Die beiden Jünger waren auf dem Weg von Jerusalem in das Dorf Emmaus. Dort wohnten sie.

Die Kinder legen mit dem braunen Tuch einen Weg. Er führt vom dunklen schwarzen Tuch (Jerusalem) zum hellen Haus (Emmaus). Der/die Lehrer/in stellt die biblischen Erzählfiguren für die beiden Jünger Jesu in einer traurigen Haltung an den Anfang des Weges.

2. Szene: Die Jünger gehen weiter und begegnen Jesus

Da kam Jesus und ging mit ihnen. Aber die beiden Jünger erkannten Jesus nicht – sie waren wie blind und ihr Herz war voller Traurigkeit.

Jesus fragte sie: »Worüber redet ihr miteinander auf dem Weg?«

Da blieben sie traurig stehen und schauten Jesus an. Sie antworteten ihm: »Hast du als Einziger nicht gehört, was sich in Jerusalem zugetragen hat?« Und sie erzählten ihm von Jesus, was er den Menschen Gutes getan hatte und wie er am Ende doch sterben musste.

Da sagte Jesus zu ihnen: »Begreift ihr das denn nicht?« Und er erklärte ihnen alles, was in der Schrift über ihn geschrieben steht: dass er all das erleiden musste, bevor er auferstand.
So gingen sie miteinander auf dem Weg weiter.
Die beiden Erzählfiguren werden ein Stück weiter auf den Weg gestellt, die Jesus-Kerze wird zwischen die beiden Jünger positioniert.

3. Szene: Die Jünger und Jesus kommen in Emmaus an

Am Abend erreichten sie das Dorf, zu dem sie unterwegs waren. Jesus tat so, als wolle er weitergehen. Da baten sie ihn: »Herr, bleibe bei uns, denn es wird bald Abend und der Tag hat sich schon geneigt.« Da ging er mit ihnen hinein, um bei ihnen zu bleiben.
Das Fladenbrot wird auf das gelbe Tuch gelegt. Die beiden Erzählfiguren und die Jesus-Kerze werden um das Fladenbrot gestellt bzw. gesetzt. Noch immer sind die beiden Erzählfiguren in einer gebückten, traurigen Haltung.

4. Szene: Die Jünger sitzen mit Jesus im Haus und halten Mahl

Im Haus setzten sie sich zu Tisch. Da nahm Jesus das Brot, dankte, brach es und gab es ihnen.
Der/die Lehrer/in nimmt das Brot, bricht es und legt die Brotstücke wieder in die Mitte.

5. Szene: Jesus verschwindet vor den Augen der Jünger

Da gingen ihnen die Augen auf: Sie erkannten Jesus, als er das Brot brach. Doch im selben Moment sahen sie ihn nicht mehr. Da sagten sie zueinander: »Brannte uns nicht das Herz, als er unterwegs mit uns redete?«
Die Jesus-Kerze wird vom gelben Tuch weggenommen und auf das schwarze Tuch neben das Kreuz und den Stein gestellt. Zwei Kinder verändern die Haltung der beiden Erzählfiguren: Jetzt blicken sich die Jünger zum ersten Mal an und heben die Arme vor Freude.

6. Szene: Die Jünger machen sich froh auf den Weg zurück nach Jerusalem

Noch in derselben Stunde standen sie auf und kehrten nach Jerusalem zurück. Sie fanden die anderen Jünger und erzählten, was geschehen war:

»Wir haben Jesus gesehen! Er ist auferstanden und lebt!« Und sie freuten sich sehr.

Die Kinder legen einen neuen Weg aus bunten Tüchern über den braunen Weg. Die beiden Erzählfiguren werden auf den bunten Weg gestellt mit Blickrichtung zum schwarzen Tuch. Ihre Haltung ist froh: Sie sind in Vorwärtsbewegung, sie strecken die Hände freudig nach oben, die Augen blicken in Richtung Kerze.

Vertiefung

Im Gespräch erinnern wir uns noch einmal, wann die Jünger Jesus erkannt haben: als er das *Brot brach und es segnete*.

Zur Erinnerung daran wollen auch wir das Brot brechen und an Jesus denken. Wir sprechen zusammen: »Danke, Jesus, dass du bei uns bist«, brechen ein Stück des Fladenbrotes ab und geben es an das Nachbarkind weiter.

Abschluss

EH 87 »Wo zwei oder drei« oder
KiFa 20 »Herr, bleibe bei uns«

HEIKE FISCHER

Bibel-Fotoshooting

Bibelszenen zeitgemäß als Fotoprojekt umsetzen

Zielgruppe

Schüler/innen der Sekundarstufen I und II

Vorüberlegungen

Die Fotografie entwickelte sich hinsichtlich religiöser Thematik im Schatten der Malerei. Von Natur aus ist dieses Medium allerdings in der Lage, fühlbare und sichtbare Realität abzubilden. Das heißt, Ideen und Ereignisse müssen zunächst erschaffen und nachgestellt werden. Heute ergeben sich neue Möglichkeiten der modernen Fotografie, die zu einem wichtigen Bestandteil zeitgenössischer Kunst geworden ist.

Ziel des Bibel-Fotoshootings ist es, in Gruppenarbeit eine oder mehrere Bibelstellen auszusuchen und deren Sinn und Ästhetik in die Lebenswelt und Lebenswirklichkeit von Jugendlichen zu übertragen. Während der Konfrontation mit dem Evangelium erfolgt eine Auseinandersetzung mit der Inszenierung und der eigenen Rolle in der Komposition. Das Evangelium wird so zur eigenen Geschichte und zur heutigen Botschaft für die Jugendlichen.

Jede/r Teilnehmer/in entscheidet, ob er/sie fotografiert werden will und gegebenenfalls damit einverstanden ist, dass das Bild veröffentlicht wird. Es ist wichtig, vor einer Bildveröffentlichung die schriftliche Erlaubnis der Fotografierten und des Fotografen einzuholen – bei Minderjährigen die Einverständniserklärung der Eltern.

Material

- Digitalkamera, Notebook oder Desktop-PC, Bildbearbeitungssoftware, Foto-Drucker
- jugendkulturelle Requisiten: Kleidung und Accessoires
- passender Kulissenhintergrund: thematisch und sinnvoll gewählter markanter Schauplatz.

Impuls

»Die Augen sind der Spiegel der Seele«, sagte ein großer Philosoph.

»Man sieht nur mit dem Herzen gut, das Wesentliche ist für die Augen unsichtbar«, meinte der große kleine Prinz.
In der Bibel geht es oft um die Heilung von Blinden und um den berühmten Balken im Auge.
Auf dem Emmausweg gingen den Weggefährten von Jesus wie bei einem Blitzschlag die Augen auf und sie erkannten ihn. Offensichtlich passiert die wirkliche Wahrnehmung letztlich nicht nur über unsere Augen. Oft liegt eine dicke Schicht von Vorurteilen, Bilderwelten, Erfahrungswerten und Konzepten darüber, die uns am scharfen Sehen und Erkennen hindert.
Gott, gib uns offene Augen, damit wir das Licht der frohen Botschaft im Nebel unserer Wirklichkeiten sehen.

Impulsfragen

- Welche Geschichten der Bibel locken, fotografisch umgesetzt zu werden? Welche Gestalten kommen darin vor und wer in der Gruppe ist bereit, sich in diesen Rollen der Kamera zu stellen?
- Wer findet in der Flut der Bilder mit oft hohen Idealisierungen noch den Mut, sich ansehen und fotografieren zu lassen? Wer ist bereit, mit seinem Gesicht, seiner Gestalt oder gar mit seiner inneren Einstellung für andere erkennbar zu sein?
- Gibt es in der Geschichte eine göttliche Kamera oder ein Auge Gottes, von dem man sich wahrgenommen fühlt?
- Welche Orte würden mich reizen um eine biblische Geschichte ins Heute zu übertragen?
- Welche Ästhetik soll die Bilder prägen: unberührte oder geschändete Natur, Untergangs- und Verfallsszenarien, spirituelle Räume, urbane Räume, Bahn- oder Schulhöfe, Sportplätze ...?

Weiterführende Idee

Die Fotos können in einer Ausstellung präsentiert werden, was die Anerkennung und die Wertschätzung der künstlerischen Arbeit ausdrückt und gleichzeitig öffentlichkeitswirksam neue Impulse der unkonventionellen Verkündigung der frohen Botschaft transportiert. Die Fotos sollten dann mindestens DIN-A4-Format haben.

WOLFGANG MAYER/ULI VIERECK

»Nicht das Letzte herausholen«: Biblische Inspirationen zum Umgang mit der Zeit

Besinnungstag für Lehrende

Zielgruppe

Lehrer/innen (max. 12 Teilnehmende)

Vorüberlegungen

Die Welt ist schnell und manchmal ziemlich laut. Arbeiten und Leben auf der Überholspur ist angesagt. Momente des bewussten Innehaltens, des Betrachtens und der Muße sind im beruflichen Alltag selten.
Die jüdische und christliche Tradition hält daran fest: Ökonomische Effektivität darf nicht das letzte Wort haben – Gott selbst ruhte am siebten Tag. Seine Ruhe schließt die Schöpfung ab. Arbeit ohne mußevolle Ruhe bleibt unvollständig. Eine zwar schöne, aber für uns Menschen unerreichbare Vision?

Material

- großer Raum (möglichst wenig Mobiliar)
- Stuhlkreis
- CD-Spieler und meditative Musik
- dicke Filzstifte und Schreibpapier
- weißes Tischtuch und Klangschale
- für jede/n zwei Decken (evtl. die Teilnehmenden bitten, eigene Decken mitzubringen)
- Teelichte und Teelichtgläser
- Textvorlagen
- Losungstexte zum Thema »Zeit«

Die Veranstaltung, wie sie hier vorgeschlagen wird, beginnt nachmittags und endet am darauffolgenden Tag mit dem Mittagessen. Es bietet sich an, den Besinnungstag mit einem gemeinsamen Kaffeetrinken zu beginnen.

»Erst mal ankommen«: Rundgespräch in der Gruppe

Teilnehmende nennen Name, Schule und ihr Anliegen für diesen Tag.

Geführte Erinnerung

Blick zurück ins Hier und Jetzt: Eine Einstimmung mit Musik und einer geführten Erinnerung durch die zurückliegende Woche (Dauer ca. 45 Minuten).

Impulstext

Machen Sie es sich auf Ihrem Stuhl bequem – wenn Sie mögen, schließen Sie die Augen – nehmen Sie Ihren Atem wahr, ohne ihn bewusst zu beeinflussen.

Ich lade Sie zu einem Erinnerungsspaziergang durch die vergangenen Tage ein:

Gehen Sie mit Ihrer Erinnerung zum Beginn eines Tages dieser Woche, der Ihnen spontan einfällt. Welchen Tag haben Sie gewählt? Welche Eindrücke, Erfahrungen, Begegnungen mit Menschen fallen Ihnen ein? – Erinnern Sie sich, wie und mit welchen Menschen Sie diesen Tag verbracht haben. Mit welchen Stimmungen und Stimmungsbildern ist dieser Tag für Sie verbunden? An welche erfreulichen Dinge dieses Tages erinnern Sie noch, vielleicht an eine ganz besondere Begegnung?

Stille (ca. zwei Minuten)

Versuchen Sie, die auf diesen Tag folgenden Tage vor Ihrem inneren Auge vorbeiziehen zu lassen. Wofür haben Sie sich Zeit genommen? Welche Momente haben Sie besonders genossen?

Stille (ca. zwei Minuten)

Gehen Sie mit Ihrer Erinnerung an den Anfang des heutigen Tages und lassen Sie diesen vor Ihrem inneren Auge vorbeiziehen: Szenen, die Ihnen vom heutigen Vormittag in der Schule noch in Erinnerung sind, Begegnungen mit Menschen – vielleicht gibt es für Sie einen besonders schönen Moment, der Ihnen jetzt wieder einfällt? Verweilen Sie noch einige Momente beim heutigen Tag.

Stille (ca. zwei Minuten)

Kommen Sie jetzt wieder langsam in die Gegenwart unserer Gruppe zurück. Nehmen Sie sich Zeit, sich zu recken, zu strecken, zu gähnen und öffnen Sie dann die Augen.

Wer möchte, kann den anderen einen Eindruck, einen Gedanken, ein Souvenir von dieser kleinen Reise mitteilen.

Offene Mitteilungsrunde

»Mein Umgang mit der Zeit in der letzten Zeit«

ZEIT ZUM PERSÖNLICHEN NACHDENKEN BEI EINEM SPAZIERGANG

Impulsfragen:

- Wie sind Sie in der letzten Zeit mit Ihrer Zeit umgegangen?
- Für was haben Sie sich Zeit genommen?
- Für was hätten Sie sich gerne Zeit genommen?
- Was haben Sie gelesen oder getan ohne unmittelbaren schulischen Verwertungszusammenhang?

Zeit für den Spaziergang: 40 Minuten

ERFAHRUNGEN MIT DER ZEIT IN FILM- ODER BUCHTITELN

Die Teilnehmenden werden anschließend eingeladen, ihre Erfahrungen im Umgang mit der Zeit in einem Buch- oder Filmtitel auszudrücken und diesen auf ein Blatt Papier zu schreiben.

Danach stellen sie ihre Titel in freiwilliger Reihenfolge vor. Es besteht die Möglichkeit zur Rückfrage (keine Diskussion!).

Am Schluss liegen alle Titel auf einem Tuch in der Mitte und die Teilnehmenden können Eindrücke und Rückmeldungen zur Gesamtheit der Titel geben.

An diese Einheit schließt sich das Abendessen an.

»Tu deinem Leib Gutes, damit deine Seele Lust hat, bei dir zu wohnen« (Teresa von Avila)

Angeleitete Entspannungsübung im Liegen (z. B. Bodenkontaktübung aus der Eutonie)

»Den Tag ausklingen lassen«: Abschlussrunde

Für alle Teilnehmenden stehen in der Mitte des Raumes Teelichter auf einem weißen Tuch.

Kurze Zeit der Stille, die mit einer Klangschale eröffnet wird.

Impulsfragen:

Ich schaue mit liebevollem Blick auf diesen Tag, auf meine Erfahrungen heute: Wofür bin ich dankbar? Was möchte ich ablegen? Wofür möchte ich um Verwandlung bitten?

Der zweite Tag beginnt mit einer Atemübung und z. B. dem Chinesischen Morgengruß.

»Nicht das Letzte herausholen« – Verheißung und Inspiration biblischer Texte

Ausgewählte Stellen aus dem Alten Testament zum Sabbat: Gen 2,2–4 (1. Schöpfungsbericht: Der Sabbat) – Ex 20,8–11 (Begründung des Sabbats von der Schöpfungsordnung) – Dtn 5,6ff (Begründung von der Befreiung aus dem Sklavenland Ägypten) – Lev 25,3ff (Sabbatjahr und Erlassjahr).

Die Textvorlagen an alle verteilen. Lektüre der ausgeteilten Texte in Stille.

Bibelgespräch im Sinne des Bibelteilens

Jede/r liest den Satz/die Sätze vor, von denen er/sie sich besonders angesprochen, angeregt, irritiert oder herausgefordert fühlt. Der/die Leiter/in könnte folgende Aspekte einbringen:

- Gott ruht nicht nur nach seiner Arbeit, sondern seine Ruhe schließt die Arbeit erst ab. Arbeit ohne Ruhe bleibt unvollständig. So wie Gott arbeitet und ruht, so soll auch der Mensch arbeiten und ruhen. Ziel der Schöpfung ist die Ruhe – nicht der Mensch.
- Der Sabbat als Ruhetag hat eine soziale Dimension. *Mensch und Tier* sollen zur Ruhe kommen: arbeiten, um zu leben, nicht leben, um zu arbeiten.
- Der Sabbat speist sich aus der kollektiven Erinnerung an die Befreiung aus dem Sklavenhaus, dem Arbeitshaus Ägypten. Sklave ist, wer sein Leben von Arbeit dominieren lässt.
- Auch in den Bestimmungen für das Sabbatjahr gilt: Es geht darum, nicht das Letzte herauszuholen, weder aus den Menschen noch aus den natürlichen Ressourcen.

Offene Gesprächsrunde, anschließend ca. 45 Minuten persönliche Zeit der Stille, in der die Teilnehmenden das Gehörte nachklingen lassen können.

Abschlussrunde

Rundgespräch im Plenum: Wie gehe ich jetzt nach Hause?

Der/die Leiter/in verabschiedet sich von den Teilnehmenden mit der Bitte, sich aus einer Anzahl von Zitaten zum Thema »Zeit« einen Zettel zu ziehen. (Die Zitate sind auf kleine Zettel geschrieben, die so zusammengerollt wurden, dass der Text nicht lesbar ist. Der Zufall will es oft, dass das Zufallende auch das Passende ist.) Danach liest jede/r das gezogene Zitat vor.

Der/die Leiter/in lädt die Teilnehmenden ein, sich in der nächsten Zeit mit diesem Zitat auseinanderzusetzen: in Zustimmung – mit Widerstand – in Gleichgültigkeit. Alles darf sein.
Gemeinsames Mittagessen als Abschluss.

GABRIELE BUßMANN

Zum Weiterlesen

Gabriele Bußmann/Marietheres Eggersmann-Büning: Kreative Unterbrechung II. Praktische Anregungen und Zumutungen für die Kunst, die Gunst des Augenblicks zu nutzen, Münster 2005.
Jürgen Ebach: Nicht das Letzte herausholen! Biblische Erinnerungen zum Thema Arbeits- und Ruhezeit, in: Jürgen Rinderspacher/Hartmut Przybylski: Das Ende gemeinsamer Arbeit? Risiken neuer Arbeitszeitgestaltung und Öffnungszeiten, Bochum 1988, 83–99.

Pause für die Seele

Friedensgebetskreis

Zielgruppe

Schüler/innen der Sekundarstufen I und II

Vorüberlegungen

Ein regelmäßiges Friedensgebet als Angebot kann die geistige Mitte aller anderen schulpastoralen Aktivitäten an einer Schule bilden. Durch das regelmäßige Treffen der Schüler/innen, die ihre Anliegen und ihre Impulse jede Woche ins Friedensgebet einbringen, kann eine Art geistiges Zentrum des schulpastoralen Lebens entstehen. Hier können nicht nur Sorgen und Nöte zur Sprache und ins Gebet gebracht, sondern auch neue Ideen für die religiöse Bereicherung des Schulalltags entwickelt werden.

Als günstiger Zeitpunkt für das Friedensgebet hat sich die große Pause herauskristallisiert. Es dauert somit 15–20 Minuten. Die meisten Schüler/innen sind zu dieser Zeit erreichbar. Sie haben das Bedürfnis nach Kommunikation, aber auch nach Ruhe und Meditation.

Die einzelnen Themen des Friedensgebets ergeben sich jeweils aus dem aktuellen Geschehen in der Schule oder in der Welt. Sie werden von verschiedenen Schüler/innen (meist in Zweiergruppen) im Wechsel mit dem Lehrer/der Lehrerin vorbereitet. Die Themen zielen nicht nur auf den Frieden in der Welt, sondern auch auf den Frieden mit sich selbst, mit den Mitschüler/innen, den Lehrenden, anderen Menschen und auch auf den Frieden mit Gott.

1. Beispiel: Ferienmeditation

MATERIAL

- verschiedene Muscheln
- Postkarten

VORBEREITUNG

In die Mitte des Stuhlkreises Muscheln auslegen, dazu Postkarten mit Ferienmotiven.

Lied

»Herr, deine Liebe ist wie Gras und Ufer«, Strophen 1 und 2

Gedankenaustausch

Schüler/innen formulieren ihre Gedanken, die ihnen beim Betrachten der Muscheln und Postkarten einfallen. Es kann ein spontanes Gespräch über diese »Feriengedanken« entstehen.

Besinnung

Gegebenenfalls Gedanken der Schüler/innen aus dem Austausch einbeziehen.
Muscheln, Sonne, Strand, Meer – ein Bild für unsere Sehnsucht nach Ruhe und Erholung. Das Rauschen des Meeres, der Blick zum blauen Horizont – ein Bild für die Sehnsucht nach unendlicher Weite. Gerade in der Hektik der letzten Schulwochen und der Klassenarbeiten, die noch zu erledigen sind, können uns diese Bilder zur Ruhe und Gelassenheit bringen. Trotz aller Hektik und Enge des Schulalltags spüren wir etwas von der Weite und Freiheit, die uns Gott schenkt. »Herr, deine Liebe ist wie Gras und Ufer, wie Wind und Weite und wie ein Zuhaus.« Das Lied, das wir gerade gesungen haben, zeigt uns, weshalb wir uns wirklich frei fühlen dürfen, auch wenn die Zwänge des Alltags uns noch gefangen halten. Wenn uns die Liebe Gottes ergreift, gilt diese Liebe nicht nur für uns, sondern für alle Menschen, Völker und Rassen.
»Wir wollen Freiheit, um uns selbst zu finden, Freiheit, aus der man etwas machen kann.« Wenn wir von Freiheit träumen, dann nicht, um nichts zu tun, sondern gerade um das zu tun, worin wir unser Menschsein, worin sich jeder von uns persönlich entfalten kann. So hat man ja gerade in den Ferien auch Zeit für die Mitmenschen, mit denen wir etwas Schönes unternehmen wollen. Aber auch schon jetzt vor den Ferien gilt es, diese Freiheit ein wenig zu leben. Wir können uns jetzt schon Zeit für uns und unsere Mitmenschen nehmen.

Lied

»Herr, deine Liebe ist wie Gras und Ufer«, Strophen 3 und 4

Fürbitten

Einladung zur Formulierung freier Fürbitten.

Abschlussgebet

Gott,
schenke uns deine Liebe, die allen Menschen Freiheit ermöglicht.
Lass uns begreifen, dass wir auch in der Hektik des Schulalltags frei sind,
frei für uns selbst und frei für die Menschen, die uns brauchen.
Gott, ergreife uns mit deiner Liebe.

2. Beispiel: Brotmeditation

Material

- Tuch
- großes Brot

Erzählung

Ein Brot

Ein englischer Journalist kaufte ein Dreipfundbrot und stellte sich damit an belebte Straßenecken verschiedener Städte. Die Vorübergehenden forderte er auf, für dieses Brot eine Stunde lang zu arbeiten.
In Hamburg wurde er ausgelacht. In New York von der Polizei festgenommen. Im afrikanischen Lagos waren mehrere Personen bereit, für dieses Brot drei Stunden zu arbeiten.
Im indischen New Delhi hatten sich rasch hundert Personen angesammelt, die alle für dieses Brot einen ganzen Tag arbeiten wollten.

Quelle unbekannt

Gedankenaustausch

Schüler/innen formulieren ihre Gedanken zur Broterzählung. Es kann ein spontanes Gespräch über die Gedanken der Schüler/innen entstehen.

Besinnung

Gegebenenfalls Gedanken der Schüler/innen aus dem Austausch einbeziehen.
Wie die Geschichte zeigt, ist Brot für uns etwas ganz Alltägliches. Es erscheint als Billigprodukt, für das sich niemand anstrengen muss. Es ist für uns selbstverständlich geworden, obwohl viele Menschen hungern müssen. Wenn wir aber über das Brot nachdenken und es in Ruhe betrachten, entdecken wir seinen großen Wert. Brot ist unser Grundnahrungsmittel.

Wasser und Brot stehen für die tägliche Nahrung, die jeder von uns benötigt, auch wenn er sich dessen nicht bewusst ist. Brot ist aber noch viel mehr, es ist Symbol für alles, was wir zum täglichen Leben brauchen. So wie die einzelnen Körner im Mehl eine Einheit bilden, so sind wir auf Beziehung, Freundschaft und Liebe angewiesen. Bei der Entstehung des Brotes sind viele Hände beteiligt: die Hände des Bauern, der den Acker bestellt, die Hände der Bäuerin, die die Saat sät, die Hände des Bauern, der erntet, die Hände des Müllers, der das Korn mahlt, die Hände der Bäckerin, die das Brot bäckt.
Zur Entstehung des Brotes tragen viele Menschen durch ihre Arbeit bei. So wird deutlich, dass Brot die Menschen nicht nur sättigt, sondern auch untereinander verbindet. Wenn wir gemeinsam Brot essen, dann wird uns deutlich, dass die Sorgen und Nöte anderer Menschen uns nicht egal sein können.
Die Form des Brotes selbst vermittelt das Symbol eines menschlichen Leibes. Auch Jesus hat das Brot als Symbol für seinen Leib gedeutet. Dadurch, dass er mit den Jüngern das Brot bricht, bildet er eine Gemeinschaft mit den Jüngern. Er lässt sie an seinem Leben teilhaben.
Beim Nachdenken über das alltägliche Brot spüren wir, dass es nicht selbstverständlich ist, dass jeder Mensch genügend zu essen hat. Das Wunder der Entstehung der Weizenähren aus einem einzigen Korn und die Entstehung des Brotes aus Tausenden von Körnern lassen uns ahnen, dass es ein Geschenk Gottes ist.
Wenn wir zu Hause oder in der großen Pause Brot essen, können wir nicht nur satt werden, sondern auch diese Liebe Gottes spüren.
Diese Liebe bewirkt, dass wir das Brot, das wir geschenkt bekommen, mit anderen teilen. Das wollen wir jetzt tun, indem wir das Brot, das wir betrachtet haben, miteinander teilen.
Das Brot wird nun von den Schüler/innen geteilt.

Fürbitten

Einladung zur Formulierung freier Fürbitten.

Abschlussgebet

Vater,
wir bitten dich, lass uns unser Brot bewusster essen.
Lass uns dabei deine Liebe spüren.
Schenke uns durch das Brot die Kraft, für andere da zu sein
und mit anderen unser Leben zu teilen.

Lied

EH 142 »Kleines Senfkorn Hoffnung«

RODERICH MICHALSKY

Der traurigen Erinnerung Raum geben – den Keim neuen Lebens spüren

Jahresgedächtnis für eine/n verstorbene/n Schüler/in

Zielgruppe

Familie des/der Verstorbenen, Mitschüler/innen, Bekannte, Freund/innen, Lehrer/innen

Vorüberlegungen

Ein Jahresgedächtnis ermöglicht die gemeinsame Erinnerung an den verstorbenen Menschen, sollte aber nicht darauf beschränkt bleiben. Es steht auch die Frage im Raum, wie dieser Tod das eigene Leben prägt. Daher besteht der vorliegende Entwurf aus zwei Stationen: einem Wortgottesdienst auf dem Friedhof mit dem Schwerpunkt der Erinnerung und der Eucharistiefeier im Gemeindehaus (oder in einer Kirche/Kapelle), die das individuelle und gemeinsame Weitergehen zum Thema hat.
Es bietet sich an, beim Jahresgedächtnis Elemente aus der Beerdigung und gegebenenfalls einem Trauergottesdienst der Schule wieder aufzugreifen und auszuweiten.
Grundsätzlich sollte ein solcher Gottesdienst gemeinsam mit der Familie und den Freund/innen des/der Verstorbenen geplant und eventuell bis ins Detail mit ihnen besprochen werden.

Material

- Steine für alle Gottesdienstbesuchenden, evtl. im Vorfeld individuell gestaltet
- eine Ähre (mit kleinem Zettel mit Namen des/der Verstorbenen versehen) für jede/n Gottesdienstbesucher/in
- Dekoration des Altars für die Eucharistiefeier: Bild des/der Verstorbenen, Tücher, Kerzen, Blumen, Vase mit Ährenstrauß

Erste Station (Friedhof): Wir erinnern uns an das Unfassbare

VERSAMMELN IN STILLE

Mit meditativer Musik

Begrüssung und Einführung

Schulleiter/in oder Religionslehrer/in führt in die Feier ein und erinnert an die Geschehnisse.

Liturgische Eröffnung

Kyrie

Ein Jahr liegt der Tod von N. N. heute zurück. Er erscheint uns genauso unverständlich und sinnlos wie damals. Vielleicht sind der Schock und die Trauer der Gewohnheit gewichen, aber: Wirklich wie vorher ist nichts.
Gott, neige du dich unserer Welt zu, hab Erbarmen mit uns.
Liedruf: EH 5 »Herr, erbarme dich«

Viele Menschen haben in diesem Jahr unendliches Leid erfahren müssen *(evtl. konkrete Beispiele aus der nahen Umgebung und dem Weltgeschehen einfügen).* Wir haben eine Facette des Lebens hautnah erfahren, die wir vorher kaum wahrgenommen hatten.
Gott, neige du dich unserer Welt zu, hab Erbarmen mit uns.
Liedruf

Warum gibt es Leid? Warum trennt uns ein sinnloser Tod immer wieder so früh, so unerwartet. Gibt es diesen Gott, der unser Leben in seiner Hand hält?
Gott, neige du dich unserer Welt zu, hab Erbarmen mit uns.
Liedruf
Stille und Musik

Tagesgebet

evtl. frei formulieren

Lied

GL 621 »Ich steh vor dir mit leeren Händen, Herr«

Lesung

Röm 8,38–39 Weder Tod noch Leben können uns scheiden von der Liebe Gottes

RITUAL DER ERINNERUNG

Hier wird der jüdische Brauch aufgegriffen, beim Besuch eines Grabes einen Stein zurückzulassen. Die Mitschüler/innen, Freunde und Freundinnen können evtl. schon gestaltete Steine mitbringen, für die anderen Gottesdienstbesucher/innen stehen ausreichend Steine bereit. Alle gehen nun schweigend zum Grab, wo man einen Moment verweilen kann. Dann macht sich jede/r individuell auf zu dem Ort, an dem der zweite Teil des Gottesdienstes stattfindet.

2. Station (Gemeindehaus/Kirche): Der Tod von N. N. – ein Wegstein auf unserem Lebensweg, den wir – gemeinsam und allein – weitergehen

Bis die Gottesdienstgemeinde vollständig eingetroffen ist, wird meditative Musik gespielt.

EVANGELIUM

Lk 24,13–35 Die Begegnung mit dem Auferstandenen auf dem Weg nach Emmaus

FÜRBITTEN

Die Fürbitten werden von den Schüler/innen formuliert, dazwischen Liedruf: EH 275 »In manus tuas, Pater«

Es folgen Gabenbereitung, Hochgebet und Kommunion.

LIED

EG 98 »Korn, das in die Erde« oder

GL 183 »Wer leben will wie Gott auf dieser Erde«

AKTION MIT WEIZENKÖRNERN

Das Weizenkorn und die Ähren, die aus ihm wachsen, wenn es in die Erde gesät wird, sind ein Symbol für Tod und Auferstehung. Das Korn stirbt, aber aus ihm entsteht neues Leben.

Ähnlich kann es auch mit dem Tod eines lieben Menschen sein – er stirbt, bleibt aber für uns lebendig, prägt unser Leben, verändert es. Einige Menschen, die auf verschiedene Weise mit N. N. verbunden waren, haben sich überlegt, was dieser Abschied für sie bedeutet, wie er ihr Leben prägt.

Beispiel für ein Statement:
Vor einem Jahr habe ich Abschied genommen von einem Schüler, der mir eher schwer zugänglich gewesen war. Ich habe in diesem Jahr viel darüber nachgedacht, was es für mich heißt, als Lehrerin mit Schülern zu arbeiten, die alle – jeder Einzelne von ihnen – einzigartige und liebenswerte Menschen sind, die es zu achten und zu fördern gilt.
Der Abschied von N. N. hat meine Art des Umgangs mit meinen Schülerinnen und Schülern verändert und geprägt.
Austeilen der Ähren
Einige Menschen haben uns exemplarisch mitgeteilt, was für sie von N. N. geblieben ist, und jeder von uns wird ähnliche oder andere Erinnerungen und Gedanken haben. So spüren wir, dass, selbst wenn N. N. tot ist und vielen Menschen sehr fehlt, doch viel von ihm/ihr in unseren Herzen und in unserem Leben lebendig ist.
Hierfür sind die Ähren ein Symbol: Aus dem kleinen Weizenkorn sind große Pflanzen entstanden. So möge auch das, was uns an vielleicht kleinen Erinnerungen bleibt, in unserem Leben wachsen, es prägen und verandern.
Als Symbol hierfür bekommt jeder nun eine Ähre als Erinnerung und Hoffnungszeichen.
Während der Ausgabe der Ähren Instrumentalmusik, z. B. GL 183 »Wer leben will wie Gott auf dieser Erde«

Schlussgebet

Schlusslied
EH 237 »Mögen sich die Wege«

Abschiedssegen
Möge dein Herz bei jedem Abschied, den es in deinem Leben zu bewältigen gibt, weiter und gelassener werden, bis du letzten Endes alles verlässt!

Möge deine Seele durch jeden Abschied, den du zu verkraften hast auf deinem Weg, tiefer und weiter sehen lernen, bis du letzten Endes das Angesicht Gottes erblickst.

Mögen deine Erinnerungen von jedem Abschied, den sie schon nehmen mussten, mit ewiger Dankbarkeit erfüllt werden, bis du letzten Endes das Zeitliche segnest.

Mögen deine Augen mit jedem Abschied, den sie schon gesehen haben, noch einen klareren Blick gewinnen für das Wesentliche, bis du letzten Endes verwandelt wirst.

Mögen deine Hände in jedem Abschied, den sie bisher erlebt haben, reichen Segen empfangen und verteilen, bis Gott letzten Endes dein Leben vollendet in der Ewigkeit.

PAUL WEISMANTEL

ANGELIKA SCHOLZ

Textnachweis

Trotz intensiver Bemühungen ist es uns nicht gelungen, alle Rechteinhaber zu ermitteln. Wir bitten diese daher um Verständnis, wenn wir gegebenenfalls erst nachträglich eine Honorierung vornehmen können.

S. 119: Franz Kett, In einem großen Wald lebt eine Eichhörnchenfamilie …, entnommen aus: Religionspädagogische Praxis, Handreichung für elementare Religionspädagogik, Jhg., 2004, Nr. 11, S. 40, 41, »Das Leben der Menschen im Kreis«, © RPA-Verlag GmbH, Landshut
S. 161: Paul Weismantel, Abschiedssegen, © Paul Weismantel

Autorinnen und Autoren

Sabine Beck, Religionslehrerin an der Grund- und Hauptschule in Mulfingen

Christof Bumüller, Gymnasiallehrer und Schulseelsorger am Peutinger-Gymnasium in Ellwangen

Dr. Gabriele Bussmann, Referentin für Lehrer/innen und Schulseelsorger/innen in der Abteilung Schulpastoral im Bischöflichen Generalvikariat Münster

Helmut Demmelhuber, Diplom-Pädagoge, Diplom-Theologe, Sozialmanager (IF), Referent für Schulpastoral in der Diözese Rottenburg-Stuttgart

Heike Fischer, Grundschullehrerin, Radolfzell am Bodensee

Ulrich Geissler, Referent für Schulpastoral im Bistum Würzburg und Religionslehrer an der Realschule Marktheidenfeld

Boris Gschwandtner, Diplom-Theologe, Pastoralreferent, Leiter der Fachstelle Jugend und Schule im Erzbischöflichen Seelsorgeamt Freiburg

Kathrin Hässler, Realschullehrerin, Ettlingen

Klaus Hilbert, Religionslehrer an berufsbildenden Schulen in Stuttgart, Schulseelsorger an der Kaufmännischen Schule Stuttgart Nord

Angela Hirthammer, Realschullehrerin an der Realschule in Aulendorf

Macra Joha, Religionslehrerin und Schulseelsorgerin an der Grund- und Hauptschule Weil der Stadt

Jürgen Karasch, Religionslehrer am Beruflichen Schulzentrum in Ellwangen (Ostalbkreis). Schulseelsorger mit Auftrag zur Fortbildung Schulpastoral im Referat Schulpastoral der Diözese Rottenburg-Stuttgart

Sigrid Keicher, Religionslehrerin und Schulseelsorgerin am Immanuel-Kant-Gymnasium und am Otto-Hahn-Gymnasium in Tuttlingen mit Auftrag für Fortbildung Schulpastoral im Referat Schulpastoral der Diözese Rottenburg-Stuttgart

Bettina Krüger, Realschullehrerin und Gestaltpädagogin, Backnang

Reiner Lehmann, Rektor Grundschule und Schulseelsorger an der Nachbarschaftsgrundschule Betzweiler-Wälde

Daniela Lehn-Eisele, Lehrerin an der Edith-Stein-Schule (Schule für Erziehungshilfe) in Heudorf am Bussen mit den Schwerpunkten Musik und Religion

Dr. Brigitte Lob, Pastoralreferentin, Referentin für Schulpastoral und geistliche Mentorin für die Religionsreferendar/innen im Bistum Mainz

Wolfgang Mayer, Referent für Kommunikation, Öffentlichkeitsarbeit und Fundraising am internationalen Jesuiten-Kolleg St. Blasien im Südschwarzwald

Roderich Michalsky, Gymnasiallehrer und Schulseelsorger am Justinus-Kerner-Gymnasium in Weinsberg

Marlene Müller, Diplom-Religionspädagogin (FH) und Schulseelsorgerin an der Joseph-Christian-Schule in Riedlingen

Simone Müller, Diplom-Sozialarbeiterin und Diplom-Pädagogin, Honorarmitarbeiterin der Fachstelle Jugend und Schule in Freiburg.

Jochen Old, Grundschullehrer und Schulseelsorger an der Grundschule Steinbach in Schwäbisch Hall

Ute Recknagel-Saller, Referentin für Realschulen im Ministerium für Kultus, Jugend und Sport des Landes Baden-Württemberg

Kristina Roth, Religionslehrerin, Referentin für Schulpastoral in der Diözese Augsburg

Dr. Gabriele Rüttiger, Diplom-Sozialpädagogin (FH), Pastoralreferentin, Leiterin des Fachbereiches Schulpastoral in der Erzdiözese München und Freising

Raphael Schäfer, Gemeindereferent und Seelsorger für Familien mit behinderten Kindern in Stuttgart

Margret Schäfer-Krebs, Pastoralreferentin, Referentin am Institut für Fort- und Weiterbildung der Diözese Rottenburg-Stuttgart, Fachreferentin für Liturgie im Bischöflichen Ordinariat der Diözese Rottenburg-Stuttgart

Angelika Scholz, Gymnasiallehrerin und Schulseelsorgerin am Gymnasium in Ochsenhausen

Harald Schulz, Religionslehrer und Schulseelsorger an Grund-, Haupt- und Realschule in Crailsheim

P. Hubert Veeser SDS, Schulseelsorger am Ordensgymnasium in Bad Wurzach

Uli Viereck, Pastoralreferent in Villingen-Schwenningen, tätig u.a. in der Jugendarbeit und Klinikseelsorge, war als Religionslehrer an verschiedenen Schulen tätig

MICHAEL VOLZ, Studienrat für Katholische Religion und Französisch am Gymnasium Gerlingen, Geistlicher Beirat der Schulgruppe Gerlingen der Katholischen Studierenden Jugend (KSJ)

ACHIM WICKER, Diplom-Pädagoge, Realschullehrer, Dekanatsreferent im Dekanat Freudenstadt, Bildungsreferent für SchülerInnenarbeit bei der Katholischen Studierenden Jugend (KSJ) in der Diözese Rottenburg-Stuttgart

URSULA WÖRNER, evangelische Religionslehrerin an Realschulen und Gymnasien, Studienleiterin

SARAH ZIPP, Studentin der Sozialen Arbeit an der Katholischen Stiftungsfachhochschule Benediktbeuern, ehrenamtliche Referentin für Religiöses der Katholischen Studierenden Jugend (KSJ) in der Diözese Rottenburg-Stuttgart

Verfasserin des einführenden Beitrags »Sternstunden – mystagogische Momente im Schulalltag« ist CLAUDIA GUGGEMOS, Pastoralreferentin und Wissenschaftliche Mitarbeiterin am Lehrstuhl für Religionspädagogik der Katholisch-Theologischen Fakultät der Universität Tübingen.

In meiner Therapie sind die wichtigsten Micronährstoffe: Coenzym Q10, Vitamin C, Selen, sekundäre Pflanzenstoffe, Lutein, Lycopin, L-Carnitin, Omega-3-Fettsäuren, eine ergänzende bilanzierte Diät und ein spezielles Magnesium.

In vielen Jahren habe ich spezielle Produkte entwickeln lassen. Sie sind die Erfolgsgarantie meiner Behandlungsweise und werden jedem Patienten individuell verordnet. Leider sind diese Substanzen, die in Deutschland entwickelt und produziert werden, nicht gerade billig.

Gesunde Lebensführung und Optimierung des antioxidativen Potenzials mit den erforderlichen Micronährstoffen verhindern - durch rechtzeitige Prävention - vermeidbare Krankheiten.

Wer diese Chance wahrnimmt und meinen Empfehlungen folgt, erhält seine Leistungsfähigkeit und Vitalität bis ins hohe Alter.

Ihr

Dr. med. Arnulf Fahl

Die von mir in meiner Kleinen Micronährstoff-Fibel genannten Substanzen erhalten Sie in Apotheken oder direkt beim Hersteller unter den Namen **Vita Q10, Vita C retard, VisaNorm-OPC, VisaVital-Lutein, Vita Lycopin** und **Vita Omega-3-Fettsäuren** (Besonderheit: Die Kapsel öffnet sich erst im Dünndarm, dies verhindert Fischölgeschmack). Dort erhalten Sie außerdem folgende Produkte: Vita Selen hefefrei, Vita L-Carnitin und VisaMac.

Bezugsquelle Micronährstoff-Fibel: